AF611116

# ROUSSEAU

ET

# LES GENEVOIS

PAR

M. J. GABEREL
ancien pasteur

GENÈVE
JOËL CHERBULIEZ, LIBRAIRE-ÉDITEUR
PARIS
MÊME MAISON, RUE DE LA MONNAIE, 10

1858

# ROUSSEAU ET LES GENEVOIS

GENÈVE. — IMPR. RAMBOZ ET SCHUCHARDT.

Des fragments de ce travail ont été lus dans les séances du 24 et du 31 juillet 1858, de l'Académie des Sciences morales et politiques de France, par M. Mignet, secrétaire perpétuel de l'Institut.

# TABLE DES CHAPITRES

## CHAPITRE Ier

## CHAPITRE II



## CHAPITRE III

## CHAPITRE V

## CHAPITRE VI

# CHAPITRE PREMIER

## Influence générale de Genève sur le caractère de Rousseau.

### I

Depuis quatre-vingts ans, une foule d'écrivains ont débattu les questions relatives à la personne et aux doctrines de Rousseau ; il peut donc paraître superflu d'ajouter quelques pages aux innombrables traités qui renferment l'apologie ou la critique de Jean-Jacques ; aussi l'auteur de ce travail n'aurait jamais publié une ligne sur un sujet dès longtemps épuisé, si la bonne volonté de ses amis et ses propres recherches ne lui avaient procuré des faits et des documents ignorés du public. Les écrits inédits et les correspondances inexplorées de Rousseau jettent une clarté nouvelle sur plusieurs points importants de sa vie, et peuvent atténuer la sévérité des jugements qu'on porte à son égard. Au reste, le but que nous nous proposons est clairement indiqué par le titre de notre ouvrage : nous voulons étudier l'influence que le pays natal de Rousseau exerça sur ses principes, et nous nous bornerons à ce point de vue particulier, sans empiéter sur les questions générales que soulèvent les œuvres et les doctrines du philosophe genevois[1].

## II

Tous les hommes reçoivent une profonde impression des événements dont ils furent les témoins dans leur enfance, et des principes que leurs parents ou leurs maîtres gravèrent dans leur âme. Plus les institutions du pays natal sont fortes et caractérisées, plus leur action est durable sur les citoyens qu'elles forment et dirigent. Loin d'échapper à cette loi générale, Jean-Jacques Rousseau offre un remarquable exemple de l'irrésistible action des souvenirs du premier âge.

Le grand philosophe du dix-huitième siècle reçoit le jour dans une ville où règnent la simplicité des mœurs, la frugalité, l'esprit d'ordre et l'économie indispensables au salut des républiques... Aussi conserve-t-il, dans toutes les phases de son existence, ce genre de vie

[1] Les personnes qui m'ont communiqué des renseignements nouveaux et des pièces inédites concernant Rousseau, et auxquelles je témoigne ici ma reconnaissance, sont : Mme Streckeisen-Moultou, et MM. le colonel Tronchin ; Bovet, bibliothécaire, de Neuchâtel; Viridet, chancelier du canton de Genève ; Rigaud-Constant ; Prevost-Cayla ; Rabut, professeur à Chambéry ; Gaullieur ; Vaucher-Mouchon; Lardy, de Neuchâtel ; Vaucher, de Fleurier ; Micheli-Labat ; Adolphe Pictet, et Humbert, professeur.

modeste et sévère qui lui attire l'estime et l'admiration de ses contemporains.

Rousseau passe ses premières années dans une ville où l'instruction littéraire et le développement religieux de la jeunesse forment les préoccupations constantes des magistrats et des pasteurs, et le futur réformateur de la famille puise dans ces institutions natales les principes qui le guident dans sa carrière intellectuelle.

Rousseau est élevé dans une république libre à l'intérieur, respectée au dehors; il sait que, depuis deux siècles, ses concitoyens ont tout sacrifié pour conserver cette indépendance nationale... et Rousseau devient un citoyen passionné pour les principes républicains qui font aujourd'hui le bonheur des peuples capables de les pratiquer avec loyauté.

Enfin, les premiers regards de l'enfant de génie sont frappés des plus beaux aspects du monde extérieur, et Rousseau conçoit pour les sites de sa vallée natale une admiration qu'il fera plus tard partager par les classes lettrées de l'Europe entière.

Telle fut l'action esthétique et sociale de la Suisse française sur le caractère et les principes de Rousseau, et les faits abondent pour le développement de cette affirmation.

## III

Les ancêtres de Rousseau étaient libraires à Paris. En 1550 ils s'expatrièrent pour conserver la liberté de conscience et le droit d'exercer la foi évangélique. Didier Rousseau fut reçu bourgeois de

Genève le 21 avril 1555 [1]. Cette famille tint, durant deux siècles, un rang honorable dans la bourgeoisie et fut alliée aux membres les plus distingués de la magistrature.

Isaac Rousseau, père du philosophe, avait un peu déchu : c'était un homme d'un caractère frivole, il faisait des montres et donnait des leçons de danse. Il avait épousé, le 2 juin 1704, Susanne Bernard, fille d'un maître horloger et nièce d'un ministre. De ce mariage naquit, le 28 juin 1712, Jean-Jacques Rousseau, baptisé en la cathédrale de Saint-Pierre, le 4 juillet suivant, par M. Senebier, pasteur. L'enfant eut pour parrain J.-J. Valançan, et sa mère mourut, le 7 juillet, à l'âge de 39 ans.

Dans quelle rue et dans quelle maison de Genève Jean-Jacques Rousseau a-t-il reçu le jour? La question semble superflue... Genève possède une rue qui porte le nom de son illustre citoyen; le N° 69 de cette rue présente une plaque portant ces mots :

*Ici est né*
*Jean-Jacques Rousseau*
*le 28 juin 1712.*

L'inscription est claire, la date récente, le personnage bien connu... nul doute à cet égard; les voyageurs qui s'arrêtent devant cette demeure ne sont point induits en erreur, et cette rue s'honore à juste titre d'avoir vu naître J.-J. Rousseau.

Or, de toutes ces affirmations, la date de la naissance est la seule exacte. Non-seulement Rousseau n'est point né dans la rue qui porte son nom, mais il ne l'a jamais habitée... Voici l'origine de cette étrange erreur.

[1] *Reg. d'admission des bourgeois.* Il paya 20 écus et un *seillot.*

En 1793 le gouvernement révolutionnaire voulut rendre des honneurs publics à la mémoire de Rousseau. On savait qu'il avait été baptisé dans la cathédrale, mais la tradition portait qu'il avait demeuré à Saint-Gervais, ses souvenirs d'enfance relatés dans ses *Confessions* se rapportent à ce quartier, et comme derrière le N° 69 de la rue Rousseau se trouvait une petite maison qui avait appartenu à David, aïeul du philosophe, on ne poussa pas plus loin les recherches, et l'inscription fut placée sur la façade la plus voisine de l'immeuble du grand-père.

Les archéologues genevois, du commencement du siècle, mirent bientôt en question la réalité de cette tradition. M. de Grenus affirmait que Jean-Jacques était né dans une maison à lui appartenant près de l'hôtel de ville ; le problème n'était pas résolu, lorsque notre savant et infatigable archiviste, M. Th. Heyer, voulut savoir la vérité et déterminer exactement les lieux habités par Rousseau, depuis le jour de sa naissance, le 28 juin 1712 jusqu'en 1728, moment où il s'enfuit de Genève.

Dans ce but M. Heyer met en regard :

1° Les registres de l'état civil où Jean-Jacques Rousseau est inscrit ;

2° Les registres des propriétaires d'immeubles et les rôles des contributions indiquant exactement les domiciles des citoyens genevois ;

3° Enfin, les registres de paroisses où chaque année les pasteurs et les *dizeniers* (diacres) inscrivent en grand détail les personnes habitant la circonscription confiée à leurs soins.

Or ces documents officiels établissent que Jean-Jacques Rousseau est né dans la Grand'rue, n° 2, dans la maison possédée par son père, et qu'il y demeura jusqu'en 1719.

De 1720 à 1722 Jean-Jacques habite avec son père, rue de Coutance, n° 73, au troisième étage, sur le devant.

En 1722, Isaac Rousseau, le père, est obligé de s'expatrier : Jean-Jacques, âgé de 10 ans, demeure successivement chez son oncle Bernard, Grand'rue, n° 19, et à Bossey chez le pasteur Lambercier. Le 26 avril 1725 il est mis en apprentissage chez un graveur nommé Abel Ducommun, rue des Etuves, n° 96, au troisième étage. Au mois de mars 1728, âgé de 16 ans, il s'enfuit de Genève craignant d'éprouver une rude correction pour une faute légère ; il tombe entre les mains du clergé savoyard et abjure le protestantisme le 21 avril 1728 à Turin, après une instruction préliminaire qui dura neuf jours. Ces dates, et plusieurs autres que nous produirons durant le cours de ce travail, sont en désaccord, nous le savons, avec quelques-uns des récits de Rousseau. Mais rien n'est inflexible comme un acte notarié, un registre d'état civil, et du reste Jean-Jacques, écrivant ses mémoires à l'âge de 58 ans, nous déclare lui-même que pour les années de sa jeunesse les pièces écrites lui manquent, et l'on sait combien, les faits se transposant aisément lorsqu'il s'agit des premiers temps de la vie, on commet des erreurs, sans que la vérité soit volontairement altérée.

## IV

Rousseau reçut la simple et sévère éducation dont profitait la jeunesse genevoise.

Dans les villes de la Suisse romande, tous les enfants étaient initiés aux richesses littéraires de l'antiquité. Au collége on traitait les élèves comme s'ils eussent tous été destinés à la médecine, au barreau ou à la théologie. Cette instruction, fruit des institutions du

XVI^e siècle réformé, élevait considérablement la moyenne des intelligences, et plus tard, grâce à cette excellente préparation, tous les citoyens se trouvaient capables de remplir les fonctions les plus importantes de l'Etat et soutenaient dignement au dehors le caractère républicain.

L'instruction fournie par le collége se complétait dans la maison paternelle. « A l'âge de sept ans, dit Rousseau, je lisais avec mon « père des livres d'histoire; Plutarque devint mon étude favorite. « Agésilas, Brutus, Aristide, furent mes héros ; des entretiens que « ces lectures occasionnaient entre mon père et moi, se forma cet « esprit libre et républicain, ce caractère indomptable et fier, impa- « tient du joug et de servitude, qui m'a tant tourmenté tout le temps « de ma vie. Né citoyen d'une république, fils d'un père dont l'amour « de la patrie était la plus forte passion, je m'enflammais à son exem- « ple : sans cesse occupé d'Athènes et de Rome, je devenais le per- « sonnage dont je lisais la vie ; le récit des traits de constance et d'in- « trépidité qui m'avaient frappé, me rendaient les yeux étincelants, « la voix forte. Un jour que je racontais à table l'histoire de Scé- « vola, on fut effrayé de me voir avancer et tenir la main sur un « réchaud pour représenter son action... »

Cette éducation à la fois forte et lettrée eut une action singulièrement favorable sur le développement de Rousseau. Lorsqu'il se trouva initié aux misères de la civilisation française les habitudes sociales des enfants le frappèrent péniblement....... « N'est-il pas « souverainement ridicule, dit-il, qu'on élève des garçons comme « des jeunes demoiselles ? Ah ! c'est vraiment beau que de voir ces « petits maîtres de douze ans, les mains potelées, la voix flûtée, « un joli parasol vert à la main pour les garantir du soleil à la pro- « menade [1]. On était plus grossier dans mon pays : les enfants,

[1] *Lettre à d'Alembert sur les spectacles.*

« rustiquement élevés, n'avaient point de teint à conserver, ils ne « craignaient point les injures de l'air. Les pères les menaient à la « campagne, à la chasse, à tous les exercices; timides et modestes « devant les gens âgés, ils étaient hardis, fiers, querelleurs entre « eux : ils se défiaient à la lutte, à la course, aux coups, ils se « battaient à bon escient. Ils revenaient au logis déchirés, c'étaient « de vrais polissons; mais ces polissons ont fait des hommes qui « ont dans le cœur du zèle pour servir la patrie et du sang à ver- « ser pour elle. »

Qui ne reconnaîtrait dans ces impressions du jeune âge la source des réformes introduites plus tard dans le système général de l'éducation européenne?

Les sentiments religieux de Rousseau reçurent également une direction excellente des institutions de son pays natal.

« Jamais, ajoute-t-il, un enfant ne reçut une éducation plus saine « que moi. Mon père avait beaucoup de religion, il m'avait inspiré « de bonne heure les sentiments dont il était pénétré. Puis, je pas- « sai chez M. Lambercier, pasteur de Bossey, homme d'église, « croyant en dedans, et faisant presque aussi bien qu'il le disait. « Sa sœur et lui cultivèrent par des instructions douces et judi- « cieuses les principes de piété qu'ils trouvèrent dans mon cœur. « Les dignes gens employèrent pour cela des moyens vrais, si dis- « crets, si raisonnables que, loin de m'ennuyer au sermon, je n'en « sortais jamais sans être entièrement touché et sans faire des ré- « solutions de bien vivre, auxquelles je manquais rarement; en y « pensant, j'avais de la religion, tout autant qu'un enfant, à l'âge « où j'étais, pouvait en avoir. »

Ces instructions, fruits des usages chrétiens, qui donnaient aux enfants des notions claires et précises sur les faits évangéliques, ne furent jamais oubliées, et, malgré les exemples fâcheux dont Rousseau subit plus tard l'influence, il demeura toujours religieux, et voici comment il décrit son culte à l'âge de 17 ans :

« Je me levais matin, et tout en me promenant je faisais ma prière, « qui ne consistait pas en un vain balbutiement des lèvres, mais « dans une sincère élévation de cœur à l'Auteur de cette aimable « nature dont les beautés étaient sous mes yeux. Cet acte se pas- « sait plus en aspirations qu'en demandes, je savais qu'auprès du « dispensateur des vrais biens, le meilleur moyen d'obtenir ceux « qui nous sont nécessaires, est moins de les demander que de les « mériter. »

Les deux années que Rousseau passa dans le presbytère de Bossey contribuèrent à développer éminemment chez lui ce goût, ce culte des beautés de la nature qui devait plus tard opérer une révolution complète dans les tendances esthétiques et littéraires du siècle. La vue du lac et des montagnes, les courses à travers champs lui faisaient oublier toutes les occupations matérielles, il était transporté de joie à chaque objet nouveau. Le lac surtout le tenait dans un perpétuel enchantement, et dans les années d'absence son souvenir est des plus doux : « O mon lac ! dit-il, sur les bords duquel j'ai passé les heures paisibles de mon enfance, charmants paysages, où j'ai vu pour la première fois le majestueux et touchant lever du soleil, où j'ai senti les premières émotions du cœur, les premiers élans d'un génie, hélas ! devenu trop impérieux... O mon lac, je ne te verrai plus. »

## V

Telles furent les premières impressions de Rousseau. Exposons rapidement les circonstances qui l'éloignèrent de son pays et paralysèrent durant de longues années le développement de ce génie qui dirigea la pensée philosophique et sociale de son siècle.

Nous avons dit que le père de Jean-Jacques était un homme fort léger et au fond peu estimable ; son fils en parle avec le respect et l'affection dont les enfants bien nés voilent les défauts paternels ; mais l'histoire a une autre mission, et si la carrière de Jean-Jacques fut semée de fautes et de chagrins, la responsabilité de ses misères morales doit retomber sur son père.

Qu'on en juge !

Le futur philosophe avait dix ans, lorsque Isaac Rousseau se prend de querelle avec un capitaine retraité, M. Gautier. On sait comment Jean-Jacques raconte cette aventure d'après les récits de son père. « Ce Gautier, homme insolent et lâche, saigna du nez, et pour se « venger accusa mon père d'avoir mis l'épée à la main dans la « ville. Mon père, qu'on voulut envoyer en prison, s'obstinait à « vouloir que, selon la loi, l'accusateur y entrât aussi bien que lui ; « n'ayant pu l'obtenir, il aima mieux sortir de Genève et s'expa- « trier, pour le reste de sa vie, que de céder sur ce point, où la « liberté et l'honneur lui paraissaient compromis. »

Malheureusement pour la réputation de Rousseau père, le procès-verbal des Conseils de Genève (19 octobre 1722) raconte l'affaire tout différemment, et l'on ne comprend pas qu'après un duel fort honorable pour les deux parties, Isaac Rousseau se soit permis de diffamer gratuitement son adversaire.

Voici le récit officiel de l'aventure.

M. Gautier et M. Rousseau le père ont une violente querelle, ils se battent en duel malgré les lois qui prohibent sévèrement cet acte ; M. Gautier est blessé, le magistrat apprenant ce fait interroge M. Gautier, qui déclare qu'il ne portera point d'accusation contre son adversaire. Néanmoins l'information se continue et Isaac Rousseau est condamné, d'après les ordonnances, à comparaître devant le

Conseil, à demander pardon, genoux en terre, à Dieu et à la seigneurie, puis à garder les arrêts pendant trois mois ; il s'y refuse, s'expatrie et met le comble à son tort en racontant ce fait à son enfant d'une manière manifestement fausse.

## VI

Rousseau délaissé par son père fut également abandonné de ses autres parents. En étudiant plus tard les faits qui exercèrent une grave influence sur les sentiments religieux du futur philosophe, nous raconterons, d'après des documents inédits, la méprisable conduite du patron chargé de son apprentissage, sa fuite de Genève, les efforts du clergé savoyard désireux d'amener son abjuration et les tristes résultats de ces intrigues. Notre but étant d'exposer maintenant les circonstances qui déterminèrent le développement général de Rousseau, nous nous bornerons à rappeler son admission à titre de protégé de l'église dans la maison de M^me^ de Warens, et son retour dans cette demeure hospitalière, après avoir consommé son abjuration à Turin, et souffert durant deux ans dans cette capitale toutes les épreuves qui attendent un jeune homme sans ressources pécuniaires et sans expérience du monde... Agé de 18 ans, il fut de nouveau recueilli par M^me^ de Warens : il trouva chez elle le vivre et le couvert, Mais ce temps si agréable au point de vue matériel fut à peu près perdu pour le développement intellectuel de Jean-Jacques. Les bons abbés savoyards n'étaient pas des précepteurs fort éminents, et Rousseau, doué d'une extrême timidité, manifestant une répulsion presque invincible pour la conversation, ne donnait aucune espérance. Cet état ne pouvait durer. Aussi en 1732 Mme de Warens trouvant qu'un jeune homme de 20 ans devait embrasser une carrière active, pria un sien cousin, M. d'Aubonne, agréable versificateur, d'examiner son protégé afin de savoir si elle devait en faire un commis, un abbé ou un ingénieur. M. d'Aubonne interroge le jeune sauvage et dit : « Rousseau est un garçon sans idées, très-borné, s'il n'est pas tout à fait inepte... » Ne blâmons pas trop M. d'Aubonne ; nous l'avons dit, Rousseau, dès qu'il était questionné sur des sujets littéraires, ne pouvait répondre un mot : et l'on conçoit qu'il est difficile d'augurer favorablement d'un garçon de 20 ans, qui ne sait ni parler, ni écrire.

Toutefois l'adolescent timide et rêveur sent par instinct qu'une inféconde médiocrité n'est pas son lot définitif. M. d'Aubonne envoie à Mme de Warens une comédie de sa façon, Jean-Jacques la lit, et prenant la plume.... « Voyons, se dit-il, si je suis aussi bête que l'affirme M. d'Aubonne... je veux faire une pièce comme lui. » Aussitôt il invente un sujet, le distribue en scènes comiques et ne s'interrompt qu'après avoir terminé son œuvre, qu'il intitule : *Narcisse ou l'amant de lui-même*. Cette pièce renferme des germes de talent ; c'est une pierre d'attente pour l'avenir, mais on n'y trouve rien qui puisse faire présager la nature et la grandeur du génie de Rousseau. Jean-Jacques se fit illusion sur la valeur dramatique de *Narcisse*. Dix-huit ans plus tard, lorsque le *Devin du village* eut assuré sa réputation, il céda à cette faiblesse paternelle que trop souvent les auteurs conservent pour les premiers produits de leur plume ; il fit représenter cette pièce à Paris, et bientôt, dans sa franchise républicaine, il prononça courageusement la condamnation littéraire de sa comédie. Le parterre l'écoutait froidement, Rousseau sort du spectacle, entre au café Procope, rendez-vous de tous les beaux esprits, et dit à haute voix, devant tout le monde : « La pièce nouvelle est tombée : elle mérite sa chute, elle m'a ennuyé.

Elle est de Rousseau, de Genève.... et je suis ce Rousseau! »

Ce résultat n'est pas étonnant. Après dix années perdues en Savoie, Rousseau ne connaissait pas la langue française.

Une circonstance des plus favorables lui ouvrit les yeux sur ce grave déficit. Voici ce que raconte à ce sujet M. de Conzié, d'Annecy, homme distingué, qui aimait beaucoup le jeune Genevois. « A vingt-huit ans, dit-il, Jean-Jacques s'en fut à Paris; il voulut faire imprimer, comme ballon d'essai, une méthode nouvelle pour apprendre la musique. Heureusement qu'il tomba entre les mains de l'abbé des Fontaines, critique aussi instruit que sévère. Cet habile grammairien jugeant qu'il y avait beaucoup d'étoffe chez ce jeune homme, pulvérisa son ouvrage et lui fit comprendre qu'il ne savait pas un mot de français; il le conjura d'étudier la grammaire, puis de lire beaucoup, et de bien lire, avant de s'essayer de nouveau comme écrivain. »

Ces conseils paternels furent appréciés à leur juste valeur. Rousseau comprit la nécessité des études sérieuses. Il changea totalement son régime intellectuel : au lieu de se complaire dans le vagabondage de l'imagination, il voulut se rendre maître de toutes les règles de sa langue maternelle. Les heures de loisir qu'il passait dans la rêverie, il les utilisa de la manière la plus fructueuse; il surmonta toutes les difficultés de la grammaire, et pour en adoucir l'aridité, il choisit comme thèmes d'application les plus beaux morceaux de Bossuet, de Voltaire et de Montesquieu. « Le goût, dit-« il, que je pris à ces lectures, m'inspira le désir d'écrire avec élé-« gance, afin de tâcher d'imiter le beau coloris de Voltaire dont « j'étais enchanté; ainsi se développa le germe de littérature et de « philosophie qui commençait à grandir dans ma tête. »

Cette naïve franchise de Rousseau, les hommages sincères qu'il rend à ses maîtres en littérature, lui ont valu de singuliers jugements... « Voyez, vous disent certains critiques, Rousseau l'avoue lui-même ! ses idées lui viennent d'autrui, son talent consiste à traduire dans un beau langage les pensées et les faits qu'il puise chez ses contemporains et ses devanciers; il n'est qu'un élégant compilateur... » Rousseau plagiaire !! Nous répondrons à cette allégation par quelques mots de notre Töpffer : « Rousseau plagiaire ! dit-il ; mais c'est aussi juste de dire : que Molière et Corneille ne sont que des copistes-versificateurs, parce qu'ils ont pris des traits heureux dans Plaute, Sénèque ou Térence... Et la Fontaine qui s'imagina toute sa vie qu'il copiait les fables de Phèdre et d'Esope.... Ah ! critique, mon ami..... tu ne seras ta vie durant qu'un critique. »

Ailleurs, Töpffer entendant appliquer à Rousseau le même jugement, établissait par un apologue la différence qui existe entre le talent et le génie.

« J'ai chez moi un serin qui apprend volontiers différents airs, il est charmant ou ennuyeux, suivant le musicien qui le dirige.... Puis j'ai, chaque printemps, dans mon jardin, un rossignol qui n'a rien appris, mais Dieu lui a donné de nous ravir par un chant toujours le même et toujours nouveau. »

Cette idée, nous aimons à la retrouver chez M. Sainte-Beuve. « Rousseau, dit-il, fut, dans son siècle, l'hirondelle qui annonçait un printemps nouveau pour la langue française. Le siècle, saturé d'esprit, voulait être ému, échauffé, rajeuni par l'expression de sentiments qu'il définissait mal et qu'il cherchait encore. Rousseau parut ; le jour où il se découvrit tout entier à lui-même, il révéla du même coup au monde français l'homme qui allait exprimer avec une logique mêlée de flamme les idées confuses qui s'agitent et veulent naître. — En s'emparant de cette langue, qu'il lui a fallu conquérir et maîtriser, il la marque d'un pli qu'elle gardera désormais. »

## VII

En effet, le développement du génie de Rousseau fut instantané; on en connaît la circonstance déterminante. Il était âgé de *trente-huit ans* et n'avait rien produit qui pût attirer sur lui les éloges du public lettré, lorsqu'en 1749 l'Académie de Dijon mit au concours la question suivante : *Le rétablissement des sciences et des arts a-t-il contribué à épurer ou à corrompre les mœurs?* Rousseau lit et médite ce programme, et voici l'étrange révolution qui s'opère en lui : « Une violente palpitation l'oppresse, soulève sa poitrine; ne pouvant plus respirer, il se laisse tomber sous un arbre, y passe une demi-heure dans une telle agitation, qu'en se relevant, il se sent inondé de larmes, sans avoir senti qu'il en répandait. Puis les idées lui viennent en foule, se rangent sans efforts sous sa plume, il écrit sans relâche, achève son mémoire et l'envoie à Dijon. L'Académie ne délibère pas longtemps, elle lui décerne le prix.... et le philosophe Grimm, qui ne loue ses collègues qu'à son corps défendant, depeint comme suit l'impression produite par cette œuvre de Rousseau. « Ce traité, dit-il, écrit avec une force et un feu qu'on n'avait point encore vu dans un discours académique, fit une espèce de révolution à Paris et commença la réputation de M. Rousseau, dont les talents étaient jusqu'alors peu connus. »

Dès que Rousseau eut acquis la conscience de son pouvoir intellectuel, il adopte un genre de vie qui doit rendre ses facultés aussi productives que possibles. Ici reparaît la ténacité du caractère genevois, cette énergie pour le travail, cette volonté de perfectionner les détails d'un ouvrage qui distingue la nation suisse.

Rousseau délaisse les rêveries infécondes, il comprend le prix du temps : les jours d'autrefois, misérablement perdus, pèsent sur son âme, il prend l'habitude de méditer à toute heure ; durant le jour en copiant de la musique pour gagner son pain ; durant la nuit lorsqu'il ne peut dormir. A la promenade, aux champs, sur la montagne, dès qu'une pensée naît dans son imagination, il l'écrit sur un lambeau de papier, sur de vieilles cartes à jouer, dont ses poches sont toujours garnies, ou sur la page d'un livre de compte, au milieu des chiffres et des objets de ménage. Très-rarement le premier jet lui semble assez bon pour être conservé ; il se ressouvient de l'atelier paternel, il lime, il polit, il change sa phrase, la surcharge de ratures, puis lorsqu'elle lui paraît avoir l'harmonie, la douceur et la clarté désirables, il la copie avec une écriture que ne désavouerait pas le plus habile calligraphe, et la conserve pour l'insérer à sa place logique dans un ouvrage futur.

La Fontaine et Rousseau employèrent également cette admirable persévérance qui donne aux productions du génie la forme la plus parfaite qu'elles puissent revêtir. On sait que la Fontaine couvrait de ratures de nombreuses feuilles de papier, avant de rencontrer ces expressions poétiques et familières qui semblent sortir de la bouche d'un enfant. La bibliothèque de Neuchâtel et la famille Moultou conservent un grand nombre d'autographes de Jean-Jacques où il déploie, autour d'une idée, son inaltérable patience de correction. Nous en citerons un seul exemple. Rousseau se promenait dans un bois à Motiers, il arrive devant une éclaircie où les fleurs sauvages croissent en profusion, leur aspect le frappe, il veut les dépeindre, il inscrit dès l'abord : « Devant moi s'étalait l'or du superbe genêt « et la pourpre de la modeste bruyère... » il n'est pas satisfait, il essaie : *le splendide genêt doré*, et *la bruyère éclatante*, puis, l'*or du genêt sauvage,* et *la pourpre des stériles bruyères...* Enfin, se débarrassant de la pompe des adjectifs, il construit cette phrase : « Devant moi s'étalait l'or des genêts et la pourpre des bruyères » et nous offre un des plus charmants modèles de la prose descriptive.

Si Rousseau atteignit l'âge de 38 ans avant de se faire connaître, sa réputation parvint rapidement à son apogée. En peu de temps, il devint le poëte et le musicien à la mode ; il s'éleva au premier rang parmi les philosophes, il entraîna le public lettré par le charme nouveau de ses romans. Son génie éminemment sympathique fascina ses lecteurs au point de leur voiler les erreurs de la pensée, et si Voltaire régnait par l'esprit et l'ironie, Rousseau dirigeait le cœur et l'âme de son siècle. En effet, il traite avec le monde entier les plus sérieuses questions de la vie intellectuelle et morale.

Il offre des principes politiques nouveaux.

Il approfondit les sujets religieux de la plus haute importance.

Il sonde les mystères de la philosophie.

Il frappe sur les abus qui dégradaient la famille et l'éducation des enfants.

Il dépeint les passions du cœur et les beautés de la nature avec une fraîcheur d'imagination, un luxe de poésie qui ne seront jamais dépassés dans notre littérature.

Ses ouvrages sont dévorés par tous les hommes parlant français, et sa correspondance le met en rapport direct avec toutes les classes de la société.

Cette correspondance, qui contient plus de deux milles lettres, forme l'histoire intime du XVIII<sup>e</sup> siècle [1]. Ces lettres sont écrites

[1] Ces lettres furent remises à M. du Peyron, de Neuchâtel, lorsqu'en 1766 Rousseau dut quitter Motiers-Travers. Après la mort de Rousseau, M. du Peyron les conserva soigneusement. En 1794 il les remit à la ville de Neuchâtel, dans la bibliothèque de cette cité, et le bibliothécaire actuel, M. F. Bovet, les a classées dans un ordre admirable.

par des souverains, des princes et des grands seigneurs, des philosophes et des poëtes, des jésuites et des pasteurs réformés, des bourgeois, des artisans et des académiciens, des femmes de lettres et de bonnes ménagères. Les rois prennent la plume pour réfuter le système de Rousseau; les citoyens l'honorent ou le maudissent: les littérateurs le proclament comme leur chef et les ouvriers lui adressent des pages empreintes d'une naïve reconnaissance.

Dans ces lettres se rencontrent la haine et l'admiration exclusive, la passion aveugle et la sincère amitié, la critique amère et l'appréciation raisonnable; toutes les questions du monde extérieur, du cœur, de la philosophie, de la conscience, y sont agitées sous toutes les formes.

Dans ces lettres se dévoile un fait capital que, du reste, la carrière de Rousseau démontre surabondamment.

C'est que ce prodigieux écrivain, si puissant dans la conception de sa pensée, si persévérant et si tenace dans le perfectionnement de ses œuvres, demeura toujours à la merci des impressions extérieures; elles le dominent tout entier, il n'a aucun empire sur lui-même. Dans les affaires de la vie pratique, il ne sait ni combattre ses impressions, ni les analyser, pour en reconnaître la vérité ou l'erreur, et, chose bizarre, ces impressions, qui chez les hommes à caractère faible s'évanouissent avec la circonstance qui les a produites, demeurent à poste fixe chez Rousseau, le tourmentent, l'égarent pendant des mois et des années!

Sa conscience, son imagination ressemblent à la mémoire des enfants qui, frappée instantanément par un incident étrange, garde jusqu'à l'extrême vieillesse les souvenirs du jeune âge.

## VIII

Avec cette nature à la fois impressive et tenace, on conçoit sans peine que les bons côtés ainsi que les défauts des républicains suisses se rencontreront chez Rousseau ; nous avons parlé de l'influence du pays natal sur son imagination et ses dispositions esthétiques. Analysons maintenant l'action du caractère national sur la vie intérieure du philosophe.

Les républicains suisses, véritablement dignes de ce nom, éprouvent pour leur pays un amour qui produit le sacrifice des passions et des intérêts.

Les vrais républicains sont jaloux à l'excès de leur indépendance personnelle, ils la fondent sur le travail et l'exercice de leur intelligence : ils ne se croient vraiment libres que lorsqu'ils se suffisent à eux-mêmes par les produits de leur esprit ou de leur industrie. Les vrais républicains confondent tellement leur existence avec leur liberté, qu'ils luttent pendant des siècles, de génération en génération, pour garder intacte la souveraineté nationale, et les hommes qui rendent des services au pays s'estiment suffisamment récompensés par le sentiment du devoir accompli.

Ces qualités sont ternies par de graves défauts ; les républicains ont une rudesse souvent pénible et surtout une grande susceptibilité. Leur dévouement, qui va jusqu'au sacrifice dans les temps fâcheux, fait place dans les jours de paix à des rancunes invétérées.

Ces éléments variés du caractère national se retrouvent au plus haut degré chez Rousseau. Il fut susceptible à l'excès et conserva la dignité de caractère et l'indépendance personnelle la plus complète.

Cette susceptibilité maladive est un caractère commun aux petites républiques et aux cours des grands monarques ; ce travers s'exprime chez nous par deux mots significatifs : *Tout le monde m'en veut.* Oui, dans nos républiques, où les citoyens vivent rapprochés, se connaissent tous personnellement et s'intéressent aux affaires de l'Etat comme à leurs plus chers intérêts ; dans nos républiques, où chaque citoyen est ou peut devenir quelque chose dans le gouvernement, la susceptibilité se développe avec une fâcheuse intensité. Plusieurs personnes ont une inquiétude permanente touchant les pensées d'autrui : elles s'imaginent que certains défauts, certaines imperfections intellectuelles ou morales forment l'aliment perpétuel des entretiens de leurs amis. Parfois cette susceptibilité abandonne le champ des réalités et se forge des séries non interrompues de mauvais procédés aussi fictifs que fâcheux. Un regard distrait, un salut oublié de la part d'un ami, se change en une injure positive ; une critique bienveillante est une preuve de haine, et bientôt cette malheureuse tendance devient une idée fixe, qui diffère peu de l'aliénation mentale. Nos médecins connaissent de ces infortunés qui, au milieu d'une carrière honorée par des services rendus à leur pays, embellie par les affections de la famille, gâtent misérablement leur vie ; ils pensent que le regard malin du public plonge sans cesse dans leur intérieur, ils se croient calomniés à journée faite ; leurs meilleures années sont absolument détruites par cette fatale pensée : *Tout le monde m'en veut.*

Cette disposition, qui devient parfois héréditaire, Rousseau l'éprouva et lui laissa prendre le caractère d'une idée fixe ; il s'exagéra les choses les plus indifférentes, il vit des adversaires odieux dans de simples critiques, des bourreaux chargés de le mettre à mort dans des hommes qui n'avaient que de légers torts à son égard. Il n'admit plus la discussion au sujet de ses œuvres, il oublia ses torts les plus réels, et crut de bonne foi que le monde entier était conjuré pour le perdre. Le fantôme de l'Ennemi se dressa visible à ses côtés ; il fut aussi malheureux que Pascal, qui, dit-on, chancelait devant un abîme qu'il croyait sans cesse ouvert sous ses pas.

Nous ne prétendons pas affirmer que Rousseau n'ait pas eu beaucoup d'ennemis. Dans sa carrière intellectuelle, il rencontra des rivaux, des jaloux, des détracteurs ; mais, chose singulière, en général il juge raisonnablement les procédés réels, et réserve ses terreurs et ses colères pour des choses fictives, pour des visions : nous n'en citerons maintenant qu'un seul exemple, car nous devons revenir fréquemment sur ce sujet.

Les personnes familières avec les œuvres de Rousseau savent qu'à Motiers-Travers, au plus fort de ses querelles religieuses avec Genève et Neuchâtel, Jean-Jacques faillit être lapidé par la population fanatisée, et certains biographes enthousiastes ont brodé sur ce thème les plus amères récriminations contre le clergé protestant, qui se fit, disent-ils, inquisiteur à l'égard du malheureux philosophe. Voici la vérité sur cette étrange scène :

En 1840 vivait encore à Genève une femme âgée de 89 ans, nommée Madelon Mecsner, originaire de Motiers, et qui avait beaucoup connu Rousseau ; elle nous a mainte fois raconté l'*attentat des pierres* en ces termes :

« Ah ! nous étions de vilains polissons dans le village pour tourmenter ainsi ce bon Monsieur Rousseau ; on le disait un peu timbré, il se croyait toujours poursuivi par ses ennemis, et, pour lui faire peur, les filles et les garçons se cachaient derrière les sapins et lui criaient : « Prenez garde, M. Rousseau, demain ils viendront vous prendre, » et c'était d'autant plus mal à nous que ce bon M. Rousseau se dépouillait de tout pour les pauvres ; il partageait son dîner avec les plus misérables et bien souvent ayant faim à la maison, c'est lui qui nous a nourris. Quant à l'affaire des pierres, c'est Thérèse qui nous les a fait porter sur la galerie, dans nos tabliers ; c'est nous qui en avons jeté deux ou trois petites contre les vitres, et nous avons bien ri quand nous avons vu le lendemain monsieur le châtelain qui mesurait les gros cailloux posés dans la galerie croyant qu'ils avaient brisé les fenêtres, comme si des pierres grosses comme le poing pouvaient passer par des trous de noix. Eh puis M. Rousseau avait l'air si épouvanté qu'on s'étouffait de rire... Mais quand il est parti, quelques jours après, et que nous n'avons plus rien reçu à manger, on a eu pour longtemps à se repentir de nos sottises. »

Cette susceptibilité maladive laisse Rousseau sans défense contre les atteintes de la médisance et de la critique ; il ne put supporter les paroles dures et les procédés fâcheux qui frappent inévitablement les hommes distingués. Un quaker lui donnait à ce sujet d'excellents conseils : « Ami Jean-Jacques, ne t'effarouche pas d'une bagatelle ; la liberté a ses inconvénients ; elle s'émancipe avec les gens les plus respectables, et nous autres Anglais nous ne sommes pas assez sots pour croire à une chose parce qu'elle est imprimée dans nos papiers ; il n'est pas un homme d'Etat qui ne reçoive en un mois plus d'injures que tu n'en recevras de ta vie, et cela ne les empêche ni de manger, ni de dormir. »

## IX

Si Rousseau se montrait susceptible pour lui-même, il ressentait avec une égale vivacité les procédés fâcheux dont ses relations avaient à souffrir ; en particulier, il ne pouvait supporter qu'on mystifiât en sa présence des hommes trop faibles pour repousser les plaisanteries des beaux esprits du jour. La preuve de notre assertion se trouve dans une anecdote rapportée par un de ses amis.

Rousseau dînait chez d'Holbach avec Diderot, Saint-Lambert, Marmontel, l'abbé Raynal et un curé qui, après le dîner, lut une tragédie de sa façon. Elle était précédée d'un discours sur les compositions théâtrales dont voici la substance. Il distinguait la comédie et la tragédie de cette manière : « Dans la comédie, disait-il, il s'agit d'un mariage, et dans la tragédie d'un meurtre. Toute l'intrigue dans l'une et dans l'autre roule sur cette péripétie : épousera-t-on, n'épousera-t-on pas? Tuera-t-on, ne tuera-t-on pas?—On épousera... on tuera, voilà le premier acte. — On n'épousera pas .. on ne tuera pas, voilà le second acte. — Un nouveau moyen d'épouser et de tuer se présente, et voilà le troisième acte. — Une difficulté nouvelle survient à ce qu'on épouse et qu'on tue, voilà le quatrième acte. — Enfin, de guerre lasse, on épouse ou l'on tue... c'est le dernier acte. »

« Nous trouvâmes, dit d'Holbach, cette poétique si originale, qu'il nous fut impossible de répondre sérieusement aux demandes de l'auteur. J'avouerai même que, moitié riant, moitié gravement, je persifflai le pauvre curé.

« Jean-Jacques n'avait pas dit le mot, n'avait pas souri un instant, n'avait pas remué de son fauteuil. Tout à coup il se lève le visage enflammé, il arrache au curé son manuscrit et le jette au feu.

« Monsieur, votre pièce ne vaut rien... votre discours est une extravagance... tous ces messieurs se moquent de vous, sortez d'ici! allez vicarier dans votre village. Le curé sortit aussi confus qu'irrité, et Jean-Jacques nous fit comprendre que ce brave homme était un ministre de la religion qu'on doit respecter, et qui ne doit rien faire qui puisse altérer ce respect, et que nous étions des philosophes graves dans leurs personnes et dans leurs écrits, et à qui de semblables plaisanteries devaient être interdites. »

Si Rousseau poussait à l'extrême cette susceptibilité maladive, il montrait d'autre part une dignité, une rudesse républicaines fruit des mœurs du pays natal, impressions indestructibles de son enfance ; il éleva jusqu'au sacrifice le désintéressement héréditaire et fut le digne descendant de ces huguenots de 1550, qui abandonnaient patrie, fortune, industrie pour vivre libre de penser et d'agir selon leur conscience.

Les actes mieux que les paroles établiront chez Rousseau cette influence du républicain protestant.

Sa simplicité fut sans égale, ses contemporains affirment que jamais son ton, son geste, son attitude ne voulurent dire au public, je suis un homme célèbre. Jamais il ne posa devant le monde..... Mercier, l'auteur des *Tableaux de Paris*, le dépeint comme suit : «Rousseau se coiffa de bonne heure avec une petite perruque ronde, ce qui lui ôta le trait le plus saillant de sa physionomie, c'est-à-dire la noblesse et la forme antique de son front, il se revêtit d'habits simples, unis, bruns, sans l'épée, quoique ce fût alors la mode universelle. Causant une fois (continue Mercier) vers le Palais-Royal, je le quittai et un élégant de ce temps-là me dit : «Vous étiez avec votre tailleur. — Vraiment ! savez-vous que c'est Jean-Jacques. — Jean-Jacques ! quelle bonne fortune, il faut que je le voie, que j'étudie ses traits ; » il courut précipitamment à lui, tourna trois fois autour de sa personne, ce qui inquiéta beaucoup l'ombrageux philosophe. »

La table de Rousseau fut toujours des plus frugales. Il existait à Genève une ordonnance somptuaire du temps de Calvin, qui défendait « d'avoir à dîner plus de deux plats viande et légume, sans autre. » Cet usage demeura le mode de vivre de Rousseau. Personne ne l'a mieux dépeint que Rulhière. Cet auteur composait une comédie intitulée le *Défiant ;* imaginant que Rousseau ignorait ce projet dramatique, il demande et obtient à grand'peine d'être introduit chez le philosophe, il arrive à onze heures du matin. Jean-Jacques lui ouvre.

« Monsieur de Rulhière que venez-vous faire céans? Si c'est pour dîner, il est trop tôt... Si c'est pour me voir et m'étudier, je suis prévenu, il est trop tard.

« Monsieur, croyez que je respecte trop votre renommée et votre caractère pour me permettre...

« Entrez donc, Monsieur, et si vos habitudes de grand seigneur ne vous empêchent pas d'assister à un repas de Genevois nous pourrons causer.

« Trop heureux, Monsieur Rousseau.

« Ma chère, dit alors Jean-Jacques à Thérèse, as-tu soigné convenablement la soupe? ne change rien! à la genevoise comme toujours!

« Nous dînâmes avec deux plats, continue Rulhière, mais dans ce modeste intérieur tout étincelait de propreté, je lui en fis mon compliment.

« Habitude d'enfance, souvenir du logis paternel, comme tout le reste...

Le dîner terminé: « Eh bien, M. de Rulhière! vous voilà suffisamment instruit des secrets de ma maison, je défie votre sagacité d'y jamais rien trouver qui puisse servir à la comédie que vous faites... Bonsoir, Monsieur, allez finir votre *Défiant*.

« Je vais vous obéir; mais pardon, mon cher M. Rousseau, est-ce *Défiant* ou *Méfiant* qu'il faut dire, un habile grammairien me rend perplexe à cet égard.

« Comme il vous plaira, Monsieur. — Bonsoir. »

# X

La dignité personnelle, la passion de l'indépendance demeurèrent toujours les sentiments dominants de Rousseau, il se montra le fils de ces républicains protestants, dont le principe était « qu'on n'est vraiment libre que lorsque, par son travail, on peut se passer d'autrui, » Jean-Jacques ne dévia jamais de cette règle de conduite, le nécessaire étant acquis, peu lui importe le superflu. Il faut que sa pensée, sa plume, sa personne soient à l'abri de toute contrainte matérielle ou morale. Les présents, les dotations, les titres sont impitoyablement refusés, il laisse ce fardeau brillant à son collègue de Ferney. .. Voltaire signe gentilhomme ordinaire du roi. Rousseau signera citoyen de Genève... Voltaire se réjouit lorsqu'on lui parle de lui élever une statue de son vivant... Un jour des graveurs renommés s'adressent à Jean-Jacques et le prient de leur accorder quelques séances pour frapper une médaille avec son profil.

« Allez, Messieurs, vous vous moquez avec votre médaille... Ah! s'il reste un bon souvenir de moi dans le cœur de quelques honnêtes gens, c'est la seule médaille que j'ambitionne.

Madame de Pompadour, qui avait mis dans ses intérêts Voltaire, Duclos, Crébillon et Marmontel, essaya, comme elle le disait, d'apprivoiser Rousseau; elle lui fit de belles propositions, n'épargna pas les offres pécuniaires afin d'obtenir quelques lignes favorables dans un livre du philosophe.... Importuné, poussé à bout, Jean-Jacques lui écrit un billet où se trouvent ces mots : « La femme d'un charbonnier est plus respectable à mes yeux que la maîtresse d'un

« prince. » Madame de Pompadour ne se fâcha pas, dit-on, mais le soir, rencontrant la maréchale de Mirepoix..... « Votre Rousseau, Madame, est un hibou.... » — « J'en conviens, Madame, mais c'est le hibou de Minerve. »

Rousseau poussa le désintéressement jusqu'aux limites extrêmes du rigorisme: son revenu se composait de 700 livres, provenant du bien de sa mère et d'une pension de 600 francs que lui payaient les libraires Rey et Duchêne. Satisfait de ses modestes rentes, lorsque de Paris à Berlin tous les regards sont tournés vers sa personne, lorsqu'il lui suffirait d'ouvrir sa porte et sa main pour recevoir les largesses des négociants, les cadeaux des nobles et les pensions des rois, il n'accepte rien, il continue son travail manuel, la copie de la musique, moins pour augmenter ses ressources que pour reposer sa tête, trop souvent surexcitée par les ardeurs de la composition.

C'est ainsi que Rousseau conserve les principes du républicain suisse au sein de la civilisation la plus corrompue, les coutumes du citoyen protestant au milieu des séductions du luxe et des grandeurs si fort recherchées par tous ses collègues.... « Grand et instructif « spectacle, s'écrie le comte de Lacroix ; cette indigence qui dé- « grade, avilit tant d'âmes, retrempe l'énergie de celle de Rous- « seau ; malgré son indigence, le philosophe genevois trouve le « moyen d'être charitable, il ne reçoit rien des riches et il donne « aux pauvres !!! »

Telle fut l'influence générale des souvenirs et des institutions du pays natal sur l'esprit et le cœur de Rousseau. Nous devons analyser chaque élément en détail, nous dirons les choses blâmables et les faits dignes d'éloges. — Mais, dans cette étude, nous aurons toujours devant les yeux ces mots de Chateaubriand : « Tel est l'embarras que cause à l'homme impartial une éclatante renommée, il l'écarte autant qu'il peut, pour mettre au grand jour la réalité. Mais la gloire revient, et comme une vapeur radieuse couvre à l'instant le tableau.

---

# CHAPITRE II

## La politique de Rousseau.

### I

Durant le dix-huitième siècle, Genève était une république gouvernée par une aristocratie composée des familles riches et des hommes qui, dans toutes les classes de la société, se frayaient une route honorable par leur mérite et leurs talents.

Les impressions d'enfance exercèrent une influence inaltérable sur les principes et les actes politiques de Rousseau, et comme les faits et non les raisonnements forment les convictions du premier âge, voici les souvenirs qui demeurèrent à poste fixe dans la mémoire du philosophe. Un bataillon de Saint-Gervais revenait un jour de l'exercice, les soldats citoyens ayant soupé ensemble arrivèrent sur la place de Coutance, et au son de la musique militaire organisèrent des danses autour de la fontaine ; il était neuf heures du soir, bientôt les femmes et les enfants, vêtus à la hâte, descendirent et doublèrent le nombre des danseurs. La fête improvisée dura fort tard au milieu des rires et des cris de joie. Rousseau, qui demeurait alors à Coutance, n° 73, fut témoin de cette scène, et, dit-il, « mon père en m'embrassant fut saisi d'un tressaillement que « je crois sentir et partager encore. — Jean-Jacques, s'écria-t-il, « aime ton pays; vois-tu ces bons Genevois, ils sont tous amis, ils « sont tous frères, la joie et la concorde règnent au milieu d'eux, « tu es Genevois, tu verras un jour d'autres peuples, mais quand tu « voyagerais autant que ton père, tu ne trouveras jamais leurs pa- « reils. »

Cette égalité et cette fraternité des jours de fêtes, Rousseau rêva son maintien dans les phases les plus difficiles de la vie publique; aussi ne pensait-il jamais sans émotion à cette patrie où régnait une harmonie si touchante. De tristes réalités troublèrent ces heureux souvenirs, et Rousseau comprit par une dure expérience que les sentiments politiques ne sont pas exclusivement composés d'impressions agréables. En 1737, âgé de 25 ans, il assiste à l'une de ces prises d'armes qui forment de si pénibles moments dans l'histoire genevoise. « Je logeais, raconte-t-il, chez un libraire, M. Barillot, qui me traitait comme son enfant. C'était un des plus dignes hommes que j'aie jamais connu; son fils était aussi très-aimable. Durant les troubles de la république, ces deux citoyens se jetèrent dans les deux partis contraires : le fils dans celui de la bourgeoisie, le père dans celui des magistrats..., et je vis le père et le fils sortir armés de la même maison, l'un pour monter à l'hôtel de ville, l'autre pour se rendre à son quartier..... sûrs de se retrouver deux heures après l'un vis-à-vis de l'autre exposés à s'entre-égorger.... Ce spectacle affreux me fit une impression si vive que je jurai de ne jamais tremper dans une guerre civile, et si jamais je rentrais dans mes droits de citoyen (perdus par son abjuration), de ne soutenir jamais au dedans la liberté par les armes, ni de ma personne, ni de mon aveu. »

Ainsi les sentiments politiques inspirés à Rousseau par les souvenirs du pays natal furent un amour ardent pour l'égalité républicaine et la volonté de sacrifier ses passions personnelles pour le bien-être et le salut de sa patrie.

Ces principes, nous en retrouverons l'application dans les phases les plus sérieuses de la carrière du philosophe-citoyen.

Jusqu'en 1754, c'est-à-dire jusqu'à l'âge de 42 ans, Rousseau n'avait rien écrit touchant la politique : il vivait à Paris, le succès du *Devin du village* l'avait placé au premier rang parmi les auteurs dramatiques, et il jouissait d'une étrange renommée ; on l'honorait comme le philosophe profond, auteur du *Discours sur les sciences*, et on l'applaudissait comme le poëte et le compositeur de musique, auteur du chef-d'œuvre à la mode.

En 1753 un nouveau programme de l'Académie de Dijon détermine une nouvelle phase dans les travaux de Jean-Jacques, il se passionne pour cette question : *Quelle est l'origine de l'inégalité des conditions entre les hommes?* De grandes vérités mêlées aux plus bizarres conceptions étincellent dans cet ouvrage : les erreurs du philosophe viennent de ce qu'il travaille sous l'impression du moment sans chercher, comme nous l'avons dit, à déterminer le degré de vérité ou d'erreur que ses idées primitives peuvent offrir. Ainsi, pour composer ce discours, Rousseau raconte qu'il passe quelques jours, au gros de l'été, dans la forêt de St-Germain; il est si heureux du calme et du bien-être qu'il éprouve, qu'il voit dans la vie sauvage le type du bonheur le plus réel que puisse offrir l'existence humaine. Il construit une société coulant des jours paisibles dans les forêts du nouveau monde… et la poésie du moment lui voile les combats, les misères matérielles et la dégradation de la vie des races cuivrées… il en fait un tableau que Bernardin de St-Pierre et lui pouvaient seuls rêver.

Les penseurs sérieux découvrirent bientôt le défaut de la cuirasse. Charles Bonnet écrit à Lalande : « Notre Jean-Jacques, que « j'estime plus encore pour ses vertus que pour ses talents, a fait « un gros (?) livre pour prouver que l'homme sauvage est plus gé- « néreux que l'homme civil. Il faut n'habiter que les campagnes « et jamais les villes. Son imagination embellit tout ce qu'elle goûte ; « elle le séduit et séduit ses lecteurs. Ce grand peintre excelle dans « le coloris, mais il n'excelle point dans le dessin. » Ce discours achevé, Rousseau voulut le dédier à sa patrie, et, dans ce but, il profita de la première occasion pour revoir ce pays dont il était depuis si longtemps éloigné. Il arrive à Genève à la fin de mai 1754. Ses concitoyens l'accueillent avec l'enthousiasme que mérite sa renommée et la dignité de son caractère... Rousseau est conduit à la fête des promotions (distribution solennelle des prix du collége de la ville), son âme s'épanouit à la vue des enfants de Genève, puis une pensée amère lui serre le cœur... Tu n'es plus citoyen genevois .. il y a vingt-cinq ans qu'en abjurant la religion de tes pères à Turin tu as perdu ce droit. Cette idée lui devient intolérable : il prend la résolution de rentrer dans l'église protestante et de reconquérir ainsi les droits de bourgeoisie. Cette réintégration a lieu le 25 août 1754; nous la raconterons en détail lorsque nous traiterons les questions religieuses qui concernent Rousseau... Le voilà remis en possession de ses droits politiques, et il saisit la première occasion pour en témoigner sa reconnaissance en faisant hommage aux magistrats de son discours sur l'inégalité. Cette dédicace est une description de Genève, où la poésie du philosophe, unie à la tendresse filiale du citoyen, dissimule tous les défauts et trace un tableau que jamais une société ne réalisera dans ce monde, tant que les hommes seront conduits par des faiblesses et des passions. Toutefois, si Rousseau peint ses contemporains avec de trop brillantes couleurs, il est juste envers le passé de Genève. « Vous « êtes, dit-il, dans une situation charmante, vous avez un climat

« tempéré, un pays fertile, vous jouissez de l'aspect le plus déli-
« cieux qui soit sous le ciel. Vous n'avez besoin pour devenir par-
« faitement heureux que de savoir vous contenter de l'être. Votre
« souveraineté acquise ou recouvrée à la pointe de l'épée et con-
« servée durant deux siècles à force de valeur et de sagesse est
« enfin universellement reconnue; vous n'avez point d'autres maî-
« tres que de sages lois que vous avez faites, et cette liberté pré-
« cieuse, qu'on ne maintient chez les grandes nations qu'avec des
« impôts exorbitants, ne vous coûte presque rien à conserver. »

Rousseau disait vrai, et puissent ses paroles demeurer longtemps une réalité pour notre pays.

Les magistrats furent agréablement impressionnés par cette épître; mais comme ils ne pouvaient en accepter les poétiques éloges, ils se bornèrent à répondre par l'entremise du premier syndic, M. Chouet [1]. « La dite épître dédicatoire étant déjà imprimée, il n'est pas question de délibérer sur son contenu, mais le Conseil voit avec satisfaction qu'un de leurs concitoyens s'illustre par des ouvrages qui manifestent un génie et des talents aussi distingués. »

Rousseau dit dans ses *Confessions* qu'il trouva cette réponse froide; il s'afflige de ce qu'aucun Genevois ne lui sache gré du zèle de cœur qui se trouve dans cet ouvrage. Cependant ces sentiments ne percent point dans sa réponse au syndic. « Je regarde, dit-il,
« vos témoignages de bonté comme les événements les plus heu-
« reux de ma vie, et je sens combien il est doux d'ajouter le senti-
« ment de la reconnaissance à ceux que le devoir m'impose envers
« le magnifique Conseil. »

Les encyclopédistes cherchèrent à aigrir Rousseau.

« Le Conseil, lui dirent-ils, vous doit un présent pour cet ou-

[1] Cette lettre se trouve dans la correspondance de Neuchâtel. (Reg. des Conseils de Genève, 18 juin 1755.)

vrage, il se déshonore s'il y manque... » Messieurs les philosophes, sans cesse à l'affût des cadeaux et des pensions, ne pouvaient comprendre que si, dans nos républiques, on est toujours avare de récompenses envers les hommes distingués, c'est qu'on admet que le sentiment d'avoir illustré ou sauvé son pays est la plus douce rémunération du citoyen....

Voltaire, qui venait de s'établir à Genève, fut jaloux de l'effet produit dans cette ville par le dernier ouvrage de Rousseau ; il lui écrivit une lettre à la fois plaisante et sérieuse, où il le raille sur ses opinions touchant la vie sauvage « On n'a jamais employé tant « d'esprit à vouloir nous rendre bête; il prend envie de marcher à « quatre pattes, quand on lit votre ouvrage. Cependant, comme il « y a plus de 60 ans que j'en ai perdu l'habitude, je sens malheu« reusement qu'il m'est impossible de la reprendre, et je laisse « cette allure naturelle à ceux qui en sont plus dignes que vous et « moi [1]. Ne pouvant m'embarquer pour aller vers les sauvages « du Canada, je me borne à être un sauvage paisible dans la soli« tude que j'ai choisie auprès de votre patrie, où vous devriez être. « M. Chapuis m'apprend que votre santé est bien mauvaise : il fau« drait la venir rétablir dans l'air natal, jouir de la liberté, boire « avec moi du lait de nos vaches et brouter nos herbes. »

Rousseau répond : « Ne tentez, Monsieur, de retomber à quatre « pattes, personne n'y réussirait moins que vous, vous nous redres« sez trop bien sur nos deux pieds pour cesser de vous tenir sur les « vôtres. Embellissez l'asile que vous avez choisi, éclairez un peu« ple digne de vos leçons, et vous qui savez si bien peindre les « vertus et la liberté, apprenez-nous à les chérir dans nos murs

[1] Rousseau semble admettre que la marche à quatre pieds est l'état normal de l'homme ; plus tard, éclairé par de sérieuses objections, il abandonne cette bizarre idée.

« comme dans vos écrits. Je suis sensible à votre invitation, mais « j'aimerais mieux boire l'eau de votre fontaine que le lait de vos « vaches, et quant aux herbes de votre verger, je crains bien d'y « rencontrer le *lotos* » (herbe qui fit oublier leur patrie aux compagnons d'Ulysse).

Ces lettres étaient piquantes, mais polies ; bientôt une grave question brouilla pour jamais les deux philosophes. Voltaire voulait établir le théâtre à Genève. Cette institution déplaisait fort aux citoyens attachés aux principes religieux, et qui voyaient dans la simplicité des mœurs la sauvegarde de la liberté et de la dignité nationale [1]. Rousseau se joignit au clergé, aux magistrats et aux chefs de famille qui ne voulaient point la comédie ; il écrivit à d'Alembert sa fameuse lettre contre les spectacles, et comme on trouvait étrange que lui, auteur dramatique, blâmât le théâtre, il prouva que cette institution, nécessaire dans une capitale, devenait très-fâcheuse dans une petite ville dont les mœurs des habitants et la sévérité républicaine se trouvaient en contradiction directe avec les plaisirs bruyants et coûteux.

## II

Les citoyens amis de la religion et de la patrie témoignèrent à Rousseau la sympathie la plus chaleureuse pour sa conduite dans ces circonstances, et songèrent plus que jamais à le fixer au milieu

[1] Voir les détails de cette lutte dans l'ouvrage de M. Gaberel intitulé : *Voltaire et les Genevois*.

d'eux. Le docteur Tronchin et M. Perdriau, le professeur, crurent avoir résolu le problème, en offrant à Rousseau une place convenablement rétribuée, paisible, favorable au travail littéraire et exempte des frottements administratifs que le philosophe redoutait au plus haut degré. C'était la place de bibliothécaire de la ville. Rousseau hésita, balança, puis répondit à Tronchin :

« Quant au projet que vous inspire votre amitié pour moi, je commence par vous déclarer qu'on ne m'en a point proposé qui fût autant de mon goût, et ce que vous imaginez est précisément ce que je choisirais s'il dépendait de moi.

« Mais où prendrais-je les talents nécessaires pour remplir un pareil emploi? Je ne connais aucun livre, je n'ai jamais su quelle était la bonne édition d'aucun ouvrage, je ne sais point de grec, très-peu de latin, je n'ai pas la moindre mémoire! Ne voilà-t-il pas de quoi faire un illustre bibliothécaire? Ajoutez à cela ma mauvaise santé, qui me permettrait difficilement d'être exact et jugez si vous avez bonne grâce à comparer vos fonctions à celles que vous me proposez, et si la probité devrait même me permettre de les accepter, quand même elles me seraient offertes. — Je sais bien que M. Bugnon ne connaît pas mieux que moi les livres et n'est pas plus exact que je pourrais l'être. Mais à Dieu ne plaise que j'introduise dans notre patrie l'usage de se charger d'un emploi qu'on ne remplit pas. 1757, 27 février. »

Les instances de M. Perdriau, qui offrait en outre à Jean-Jacques la jouissance gratuite d'une campagne au bord du lac, n'eurent pas davantage de succès, et les amis du philosophe abandonnèrent à grand regret un plan qui leur semblait éminemment favorable aux travaux et au génie de Rousseau.

Cinq ans plus tard, les craintes de ceux qui redoutaient l'influence des encyclopédistes sur l'impressionnable écrivain se réalisèrent, et la publication de l'*Emile* vint soulever les passions politiques et dénaturer les affectueuses relations qui unissaient Rousseau et les Genevois de toutes les classes de la société.

L'*Emile* et le *Contrat social* furent publiés par Rousseau vers 1761, les deux ouvrages renferment de grandes vérités mêlées d'étranges erreurs.

Les constitutions des Etats, la religion et la famille sont soumis à un sérieux examen.

Les idées politiques devant seules nous occuper maintenant, nous examinerons plus tard les questions concernant l'éducation et le christianisme.

Dans l'*Emile*, Rousseau proclame des principes qui sont en opposition absolue avec l'esprit et les coutumes du temps.

D'après le DROIT DIVIN les peuples étaient la propriété des rois, le souverain était inviolable lors même qu'il violait les lois de la morale et de la justice.

Rousseau établit le DROIT DES NATIONS, d'après lequel les rois et les gouvernements sont faits pour les peuples, et le souverain n'est légitime que lorsqu'il gouverne selon les lois.

Certaines classes de la société sont propriétaires exclusifs des honneurs et des places dans l'Etat. Rousseau prouve que tous les hommes sont égaux et que la moralité du caractère et le mérite intellectuel doivent seuls faire obtenir les emplois publics.

Plusieurs corporations civiles ou religieuses étaient exemptes des impôts, et le recouvrement des deniers de l'Etat offrait les plus intolérables abus. Rousseau demande que les impôts soient payés directement par tous les citoyens et répartis proportionnellement aux fortunes et aux revenus.

Ces vérités, qui sont aujourd'hui reçues par tous les esprits éclairés et les cœurs droits, soulevèrent en 1762 une effroyable tempête contre le républicain genevois qui avait l'audace de proposer au monde français des principes admis depuis longtemps dans sa patrie. Toutefois les impressions produites par l'*Émile* et le *Contrat social* furent très-variées ; pendant que le Parlement préparait la condamnation de ces livres, ils recevaient dans la société parisienne un accueil enthousiaste, et la Sorbonne, dans son rapport touchant l'Emile, nous décrit en ces termes ce phénomène littéraire : « Ce « livre, quoique rempli de poisons mortels, est recherché avec le « plus vif empressement. Chacun veut l'avoir avec soi, la nuit « comme le jour, à la promenade comme dans son cabinet, à la « campagne comme à la ville. Point d'école plus fréquentée que « celle du philosophe de Genève, il est comme honteux de ne pas « se déclarer du nombre de ses élèves. »

Ce livre est déféré au Parlement français, et l'avocat du roi ne craint pas d'insérer dans ses conclusions ces étranges paroles : « Nous condamnons ce livre parce que des hommes élevés par « Rousseau seraient enclins au doute et préoccupés de la tolé- « rance. »

La Sorbonne fait deux rapports et, en traitant la question politique, elle prouve que ses docteurs savaient mieux le latin que le français. On en peut juger par ce fragment textuel :

« Car voilà que paraît avec audace la nouvelle production d'un « auteur infortuné. Tel dans le camp des philosophes nouveaux que « le sont quelquefois dans le camp des ennemis ces hommes bar- « bares qui, bien moins soldats que brigands, ne pensent qu'à piller, « à massacrer, à ravager avec violence et par fraude pour satisfaire « l'inclination comme naturelle qu'ils ont de nuire. Tel est Rous- « seau, qui n'ayant d'autre dessein que de se faire je ne sais quelle « réputation, se met peu en peine d'écrire des choses véritables « pourvu qu'il en annonce de nouvelles et d'inouïes. »

Enfin le Parlement rend son décret le 9 juin 1762. Sous le rapport politique, on accuse Rousseau « *d'établir des propositions qui tendent à donner un caractère faux et odieux à l'autorité souve-*

*raine, à détruire le principe de l'obéissance qui lui est due, et à affaiblir le respect et l'amour pour les rois.* »

La sentence s'exécute contre le livre et, le 11 juin, l'Emile est lacéré et brûlé au pied du grand escalier du palais par l'exécuteur de la haute justice.

Rousseau est condamné à la prison; il était alors à Montmorency. — Mais le Parlement a si peu l'intention d'exécuter sa sentence que Rousseau, emmené par ses amis, est salué par les huissiers dont le carrosse croise le sien, et il traverse Paris de grand jour à la vue de tout le monde. Il se réfugie à Yverdon, où les Bernois ne le tolèrent pas longtemps, puis Frédéric le Grand lui accorde un asile à Motiers-Travers, où il peut vivre en paix.

## III

Voyons maintenant ce qui se passe à Genève. Genève est dans les tenailles de la France. En mai 1762, M. de Choiseul active la procédure contre les jésuites, et l'issue du procès n'est plus douteuse. Mais par une politique de bascule dont l'usage est très-fréquent, ce ministre désire accorder une compensation aux personnes froissées du prochain exil des fils de Loyola. La destruction de Genève serait une chose particulièrement agréable aux ultramontains. Toutefois, on ne peut employer la violence pour s'emparer de la métropole protestante, l'Angleterre, la Prusse et les cantons suisses ne le souffriraient pas, il faut donc trouver le moyen d'annihiler Genève, au point de vue politique et commercial. M. de Voltaire seconde à plaisir ces beaux projets. Le plan de Versoix est déjà médité et connu, on veut élever à la frontière des établissements français et ruiner le commerce et l'industrie par une concurrence des plus redoutables.

Ce mauvais vouloir de la France se traduit par d'étranges procédés : ainsi le cabinet de Versailles reproche aux magistrats de Genève d'avoir condamné des livres de Voltaire que la Sorbonne avait déjà flétris..... Ces circonstances font penser au Conseil qu'il accomplira un acte de bonne politique, une chose agréable à M. de Choiseul en imitant la conduite du Parlement français à l'égard de l'*Emile* de Rousseau. Cette idée est saisie avec transport par un certain nombre de magistrats amis de Voltaire, commensaux de Ferney, qui détestent Jean-Jacques et craignent fort ses principes politiques. Ces deux partis se réunissent, réduisent au silence une minorité dirigée par le syndic Jalabert, M. Rigot et le colonel Charles Pictet, et l'on procède contre Rousseau.

Le 11 juin l'*Emile* était brûlé à Paris. M. de Sellon, député de la république, en informe le Conseil. Dès que la nouvelle est reçue les magistrats délibèrent avec précipitation. M. Moultou est prévenu par M. Jalabert de l'orage qui se forme contre leur ami, il supplie les conseillers de suspendre leur jugement, de faire comparaître le philosophe et d'épargner à ses nombreux amis une aussi dure humiliation. Tout est inutile, il voit que le parti est pris. Bientôt la scène s'échauffe. Un ami de Voltaire lui dit avec ironie : « Eh ! M. Moultou, en votre qualité de théologien, il serait au moins prudent d'abandonner Rousseau à son sort. — Monsieur, répond Moultou, on connaît mes principes, si je blâme certaines choses dans l'*Emile,* j'aime les principes et la morale de M. Rousseau ; lui, je l'aime comme moi-même ! Mais j'abhorre Voltaire et ceux qui lui ressemblent et le soutiennent. » Les oppositions sont inutiles... l'arrêt de condamnation est prononcé par le Conseil ; le procureur général, J.-Robert Tronchin, compose son réquisitoire avec le procès-verbal du Parlement, qui nomme le *Contrat social* et l'*Emile* « des écrits téméraires, scandaleux, impies, tendant à détruire la religion chrétienne et tous « les gouvernements. »

Puis, neuf jours après l'exécution de Paris, à l'hôtel de ville de Genève, le 19 juin 1762, l'exécuteur attisait un brasier, la sentence fut lue à haute voix. Le bourreau déchira les pages du livre et les jeta sur le feu. Au lieu des applaudissements qui éclataient naguère, lorsqu'on brûlait les saletés du vieux diable de Ferney, on voyait une rage muette, une stupéfaction profonde sur le visage des citoyens, et il était aisé de prévoir à quel débordement de haines politiques Genève serait livrée; mais le sacrifice était consommé, le but était atteint, le gouvernement français se montrait satisfait. Le 11 juillet, M. de Sellon mande qu'il a communiqué à M. de Choiseul le jugement du magnifique Conseil sur les deux livres de Jean-Jacques Rousseau, et que Son Excellence lui a témoigné qu'elle voyait avec plaisir que ces ouvrages eussent fait à Genève la même impression qu'à Paris, que le Conseil y eût pourvu de la même manière que le Parlement....

Voici maintenant ce qui se passe parmi les amis de Rousseau : le colonel Charles Pictet prend hautement sa défense. Il dit à qui veut l'entendre : « Ce jugement est injuste ! Tronchin n'a pas même pris le temps de lire l'*Emile;* tout cela s'est machiné à Ferney, et M. de Voltaire est satisfait d'avoir assouvi sa haine contre notre Jean-Jacques... » Les syndics font emprisonner M. Pictet; on veut le juger, mais le Conseil étant en majorité composé de ses parents, on ne peut établir un tribunal légal; toutefois la cause s'instruit, M. Pictet rétracte quelques-unes de ses assertions et subit un court emprisonnement. Rousseau, touché au fond de l'âme du courage déployé par un homme avec lequel il n'avait point de relation, lui écrivit ces mots :

« J'espère nourrir auprès de vous, par une connaissance per-
« sonnelle, les bontés que vous m'avez témoignées et l'attachement
« que vous m'avez inspiré. Pour peu que ma santé me le permette,
« je me propose de faire avant la fin de l'été un voyage à Genève,

« non pour demander une satisfaction que je n'obtiendrais pas, et « dont je ne me soucie plus, mais pour savoir ce qu'on peut avoir « à me dire.

« Pour moi, j'oublie de bon cœur ce qui s'est passé. Mais je ne « puis espérer vivre dans ma patrie, attendu qu'on pardonne quel- « quefois le mal qu'on a reçu..... jamais celui qu'on a fait. »

Les amis de Rousseau, navrés de la condamnation de leur illustre concitoyen, lui témoignèrent, par lettre, leur profonde sympathie. Messieurs Moultou et Roustan, ministres, précèdent les laïques :

« Nous sommes atterés et brisés : vous voilà condamné en France, « flétri dans votre patrie... Vous devriez émouvoir notre compas- « sion, car il ne faut pas être bien pitoyable pour s'attendrir sur « un pareil sort.... Cependant il n'en est point ainsi, nous rougis- « sons pour l'humanité et nous nous indignons contre vos ennemis. »

Un anonyme : « Tous les hommes, cher Rousseau, ne sont pas « encore pervertis ; il est parmi vos compatriotes des citoyens ver- « tueux, aimant leur devoir et ceux qui les instruisent, et qui con- « séquemment goûtent vos écrits, chérissent votre personne, se « plaignent hautement de l'injustice et de la partialité qui vous op- « priment, et qui sont véritablement affligés de votre éloignement « d'une patrie dont vous êtes si digne, et que vous faites tant aimer. « Hélas ! l'espérance de vous y revoir est-elle donc une chimère ? »

## IV

Mais la ferveur et le zèle déployés par les citoyens envers Rousseau ne dépassaient point les bornes d'une correspondance passionnée;

et Rousseau se trompait en pensant que ses amis prendraient sérieusement sa défense. En effet, onze mois se passèrent sans qu'aucune démonstration vînt corroborer la résistance de MM. Pictet et Moultou. Alors Rousseau prit un parti extrême, il renonça solennellement à la bourgeoisie, et il écrivit à M. Chouet, premier syndic, le 12 mai 1763 : « J'ai tâché d'honorer le nom genevois, j'ai « tendrement aimé mes compatriotes, je n'ai rien oublié pour me « faire aimer d'eux, on ne saurait plus mal réussir, je veux leur « complaire jusque dans leur haine. Le dernier sacrifice qui me « reste à faire est celui d'un nom qui me fut si cher. »

Cette démarche retentit dans toute l'Europe. M. de Sellon mande qu'à Paris la lettre de M. Rousseau aux syndics est imprimée, qu'elle se vend au Palais-Royal et que partout cet événement fait sensation. Les citoyens genevois en furent frappés au cœur.

On lui mande ces mots : « Vous l'avez donc pu écrire et envoyer « cette fatale lettre par laquelle vous renoncez au nom genevois. Il « y a longtemps que la plupart d'entre eux étaient indignes de « l'honneur que vous leur faisiez ; mais connaissant à quel point le « feu patriotique brûle votre cœur, nous ne pensions pas que vous « puissiez remporter sur vous une si cruelle victoire. »

Voici ce que lui écrit un artisan : « Je vous écris grand et admi- « rable Rousseau, le cœur pressé de la plus vive douleur, vous « avez renoncés à votre patrie, et cela dans le temps que nous « nous flattions de la douce satisfaction de vous voir, et plusieurs « d'entre nous se flattaient de pouvoir presser leur visage contre le « votre. — Car pour moi je suis trop peu entre mes concitoyens « pour que je pus espérer d'avoir cet avantage ; mais au moins « j'aurais eut le plaisir de vous voir quelquefois dans nos rues et de « dire en moi-même le voilà ce grand et bon citoien, ce bon ami « de ses compatriotes, celui qui a tant travaillé pour notre bon- « heur. »

Une dame : « Qu'est-ce que la gloire aux yeux du sage, com-
« ment la vengeance s'accorde t'elle avec ce grand principe, et la
« sensibilité de la critique avec la philosophie. Pourquoi, Monsieur,
« n'êtes-vous pas autant au-dessus de ces choses-là qu'elles sont
« au-*dessous* de vous ; nos fils sauront que leur patrie vous a
« donné le jour, ils l'apprendront aux leurs, les voix innocentes
« s'élèveront dans tous les siècles pour vous réclamer — et vous
« n'aurez fait en renonçant à votre titre de citoyen que l'ouvrage
« d'un moment. »

Ces sentiments des citoyens se traduisirent par des démarches et des représentations en faveur de Rousseau.

Quarante bourgeois, M. Deluc à leur tête, firent, le 18 juin 1763, une requête pleine de convenance et de force, demandant « que le
« jugement contre *Rousseau fût rapporté, et déclarant qu'aux ter-*
« *mes des édits genevois qui concernent les sentences contre les*
« *livres dangereux, le sieur Rousseau devait être appelé, supporté*
« *sans diffame, ni scandale, admonesté plusieurs fois et qu'il ne*
« *pouvait être jugé qu'en cas d'opiniâtreté obstinée.* Que, quant au
« *Contrat social*, il est impossible de dire que ce livre porte à la
« haine contre le magnifique Conseil. *Rousseau déclare qu'il s'es-*
« *time heureux, toutes les fois qu'il médite sur les gouvernements,*
« *de trouver toujours dans ses recherches de nouvelles raisons d'ai-*
« *mer celui de son pays ;* et, du reste, ce livre est un traité de droit
« naturel, semblable à ceux qui se vendent publiquement dans notre
« ville. Nos magistrats ne craignent point l'examen, aussi nos lois
« n'établissent aucune inquisition. — Ils ne peuvent donc flétrir
« l'ouvrage de Rousseau sans flétrir l'auteur, et l'auteur n'a point
« été jugé personnellement. »

Les représentants ajoutaient un autre grief. M. Pictet avait été jugé par un tribunal qui n'était pas composé selon la loi ; ils demandèrent qu'à l'avenir les tribunaux fussent présidés par les syndics, et qu'aucun citoyen ne pût être emprisonné sans avoir été auparavant interrogé par un magistrat.

Les conseillers répondirent : « Que l'article des ordonnances ecclésiastiques est applicable à une personne qui parle contre l'Etat ou qui dogmatise contre la religion. Mais que c'est tout autre chose lorsqu'il s'agit d'un livre. Qu'on condamne le livre après l'avoir lu, et qu'il n'est point besoin d'explication de la part de l'auteur. Ce qui est écrit, est écrit. — Que les ouvrages de Rousseau lui ont paru d'autant plus dangereux, qu'ils sont écrits en français dans le style le plus séducteur et destinés dans la pensée de l'auteur à servir de guide aux instituteurs de la jeunesse. »

Les citoyens qui avaient porté leurs griefs au Conseil prirent le nom de Représentants et demandèrent que le Conseil général fût juge des points contestés. — Le gouvernement déclara qu'il avait le droit de répondre négativement aux représentations sans en appeler au Conseil général. Les partisans de cette opinion furent appelés Négatifs.

Une polémique violente s'engagea ; les brochures se multiplièrent, elles offrent un contraste curieux entre la forme polie, obséquieuse même des écrivains et la verdeur, l'absolutisme des récriminations.

Le procureur général Tronchin eut la palme dans la discussion écrite, il publia les *Lettres de la campagne*, où il cherche à montrer que le droit négatif n'a rien d'alarmant pour le peuple dans un pays où le sage équilibre des pouvoirs ne permet pas d'en abuser.

Si M. Tronchin montra une logique concluante touchant les affaires intérieures de Genève, il fut obligé de faire un aveu qui confirme pleinement nos assertions touchant les intrigues et les menaces de M. de Choiseul : les Représentants se plaignent de ce qu'on ait sévi contre le livre de Rousseau, tandis que fréquemment on souffrait la vente d'ouvrages français dont la tendance était irréligieuse et immorale. — M. Tronchin répond : « Eh! Messieurs, si maintenant

« notre silence est forcé par les circonstances, la politique et la sû-
« reté de l'Etat, il y a peu de justice de votre part à en faire la
« matière d'un reproche. »

Il est difficile d'établir plus clairement le rôle odieux du cabinet français qui, en 1762 se trouvant conduit par les encyclopédistes, protégeait le matérialisme en employant des procédés pires que ceux de l'inquisition.

## V

Les *Lettres de la campagne* firent grand bruit. Rousseau voulut y répondre. Malheureusement des faits pénibles le jetèrent dans une violente irritation. On lui écrivit des lettres anonymes ainsi conçues:
« J'admire la confiance qu'inspire l'aimable politique, la bienveil-
« lance et la paix dont elle remplit l'âme, qu'on est heureux de
« s'entre-déchirer les uns les autres par partie de plaisir, de con-
« cevoir avec sûreté l'espoir délicieux d'écraser, d'exterminer ses
« frères pour le bien d'un intérêt général qui n'exista jamais que
« dans la république de Platon. »

Sous cette impression, Rousseau composa les *Lettres de la montagne* et oublia ses résolutions pacifiques. Il se fit révolutionnaire pour un jour, il délaissa ses principes pour obéir à ses passions, à ses rancunes privées, et le philosophe qui avait juré de ne jamais tremper dans un mouvement insurrectionnel, voulut envenimer les rapports des magistrats et des citoyens. — Voici une des pages des *Lettres de la montagne* où, sous une apparence pacifique et raisonnable, ces pénibles sentiments se font jour.

« Je vois un peuple très-peu nombreux, paisible, froid, composé « d'hommes laborieux, amateurs du gain; soumis, pour leur propre « intérêt, aux lois et à leurs ministres. Tous égaux par leurs droits, « et peu distingués par la fortune, ils n'ont ni chefs, ni clients, « tous tenus par leur commerce, par leur état, par leurs biens, « dans une grande dépendance du magistrat, ils craignent de lui « déplaire, et, s'ils veulent se mêler des affaires publiques, c'est « *toujours aux dépens des leurs*.

« D'un autre côté, voici un corps de magistrats, indépendant et « perpétuel. Presque oisif par état, il fait sa principale occupation « d'un intérêt très-grand pour ceux qui commandent. Cet intérêt, « c'est l'accroissement de son empire, car l'ambition comme l'ava- « rice se nourrit de ses avantages, et plus on étend sa puissance, « plus on est dévoré du désir de tout pouvoir. Sans cesse attentif « à marquer des distances, trop peu sensibles dans ses égaux de « naissance, il ne voit en eux que ses inférieurs, il brûle d'y voir « ses sujets. Armé de toute la force publique, interprète des lois « qui le gênent, il s'en fait une loi offensive et défensive qui le « rend redoutable pour ceux qu'il veut soumettre. Tel est la position « de la bourgeoisie et du gouvernement à Genève. »

Rousseau commit une grave erreur en pensant que ces lettres seraient utiles à sa cause. Leur violence rebuta les citoyens raisonnables. La chaleureuse sympathie de ses amis qui s'était si dignement montrée lors de la condamnation de l'*Emile*, fut remplacée chez le plus grand nombre par un silence glacial et par des critiques et des louanges qui durent affecter péniblement Rousseau.

Ainsi, M. Philibert Cramer, son admirateur passionné, lui dit: « Vous savez, Monsieur, que je n'approuvai jamais la rigueur dont « on usa envers l'*Emile;* mais aujourd'hui que vous dirai-je : j'ai « lu deux fois les *Lettres de la montagne*, mon cœur en a frémi, « ma santé en a été altérée. »

D'Yvernois, au contraire, le comble d'éloges; il se montre même plus ardent que Rousseau, et, dans son ardeur aveugle, il manque de tact au point d'écrire à Rousseau le fait suivant, 21 octobre 1764 :

« Le sieur Covelle porta hier un exemplaire des *Lettres*, à Voltaire, qui lui dit : « Vous me rendez service. Je vais les dévorer. « Je vous conjure de faire en sorte que je puisse faire la paix avec « Rousseau! » Et deux ans auparavant Rousseau, publiant l'*Emile*, passait pour le Juda de la philosophie de Voltaire... Ces mots nous révèlent l'abîme qui sépare la *Confession de foi du Vicaire* des pages antichrétiennes des *Lettres de la montagne*.

Un peu plus tard, D'Yvernois rend compte à Rousseau de l'impression produite dans le peuple : « On dit à St-Gervais, Dieu me « damne! si on brûle celui-là, il faut brûler aussi les *Lettres de la* « *campagne*. Cela est vrai, nos antagonistes ont la rage dans le « cœur et le témoignent hautement; ils ont envie de brûler les *Let-* « *tres de la montagne*, mais ils se garderont bien de le faire. »

Voici ce qui s'était passé : Le Conseil demanda au procureur général, M. Tronchin, de faire un réquisitoire contre l'ouvrage de Rousseau. Ce magistrat déclina cet office, vu qu'il était personnellement attaqué dans les *Lettres de la montagne* ... Alors le Conseil prit le parti d'en appeler au peuple, et lui adressa cette proclamation :

« Nous nous sentons sans force et profondément ulcérés par les « calomnies répandues contre nous. Nous voulons nous assurer si « nous avons conservé la confiance des Genevois, pour abdiquer « dans le cas contraire et remettre entre d'autres mains une admi- « nistration source d'amertume pour nous et de malheurs pour « l'Etat. »

Les citoyens, touchés de cette proclamation, répondirent : « Nous « nous faisons un plaisir de déclarer publiquement que nous hono-

« rons le magnifique Conseil. Chacun de ses membres est digne de « notre estime et de notre confiance. Toujours animés de ces senti- « ments, nous supplions Messieurs de vouloir bien revenir en ar- « rière au sujet du jugement du sieur Rousseau, des tribunaux « sans syndics et des emprisonnements préventifs. »

Cette démarche calma l'opinion publique, et pendant que les amis de Rousseau gardaient à son égard un silence durement significatif, de mauvais plaisants lui écrivirent une lettre où ils accusaient le gouvernement d'exiger des bourgeois qu'ils vinssent lui demander pardon la corde au col. Le malheureux philosophe était dans une de ces phases d'hallucination où le bon sens l'abandonnait : il donna dans le piége et écrivit à un de ses amis [1] :

« Vous avez su sans doute la jonglerie de votre Conseil ; plusieurs « de ses membres se sont prétendus déshonorés par mes écrits, et « en conséquence ont menacé de se démettre de leurs emplois, si « les citoyens n'allaient, la corde au col, crier miséricorde ; les ci- « toyens bourgeois sont trop bêtes pour ne l'avoir pas fait : ils sont « comme Georges Dandin, qui remercie sa femme de l'honneur « qu'elle lui procure. »

Satisfaits du succès de leurs mauvaises plaisanteries, les mêmes correspondants lui adressèrent de fausses nouvelles datées de la Haye ; mais comme Rousseau se trouvait en humeur de plaisanter, il écrivit en ces termes à Mlle Isabelle D'Yvernois [2] :

« Que j'apprenne à ma bonne amie mes bonnes nouvelles : le 22 « janvier on a brûlé mon livre à la Haye ; on doit le brûler aujour- « d'hui à Genève. Voilà, par le froid qu'il fait, des gens bien brû- « lants ; que de feux de joie brûlent à mon honneur dans l'Europe ;

[1] Lettre à M. Lenieps, 7 février 1765.

[2] Collection de M. Vaucher, de Fleurier, descendant de la famille D'Yvernois.

« qu'ont donc fait mes autres écrits pour n'être pas aussi brûlés? « que n'en ai-je à faire brûler encore! Mais j'ai fini pour ma vie « Il faut savoir mettre des bornes à son orgueil; je n'en mets point « à mon attachement pour vous, et vous voyez qu'au milieu de mes « triomphes je n'oublie pas mes amis. »

## VI

Un peu plus tard, les passions de Rousseau se calmèrent, il regretta beaucoup la violence de ses expressions dans les *Lettres de la montagne*, et reconnut bientôt que les fautes politiques, lors même qu'elles ne durent qu'un instant, ont des résultats qui pèsent longtemps sur le sort des nations. En effet, au bout de quelques mois, les luttes recommencèrent à Genève, elles devinrent si dangereuses que la France et les cantons suisses intervinrent.

L'envoyé français, M. de Bouteville, faillit tout gâter par une hauteur déplacée envers les représentants : « *Je n'ai que peu de temps à « vous donner, disait-il, dispensez-vous de venir vers moi, si vous « n'avez des choses raisonnables à me présenter.* » Un projet d'accord est offert aux deux partis. —On laisse Rousseau complétement de côté. Les représentants obtiennent que l'emprisonnement ne puisse être prononcé sans une comparution préalable devant les syndics, mais le droit de représentation est soumis à de terribles entraves, il est défendu de répandre et d'imprimer des brochures sans permission du Conseil, sous peine du bannissement temporaire, de l'amende honorable et de la prison.

Sachant que jamais le Conseil général ne voterait de semblables mesures, la France et les cantons firent bloquer Genève par un cordon de troupes. Toutefois, les citoyens ne furent point intimidés, ils se rendirent en masse au Conseil général le 15 octobre 1766 et rejetèrent le projet à la majorité de 1095 voix contre 515. Dès lors, plusieurs conseillers s'exilèrent volontairement, les alliés resserrèrent le blocus et Genève souffrit les misères d'un siége. — Alors on vit se manifester un phénomène assez fréquent chez les républiques familles. La détresse était générale, le commerce et l'industrie se trouvaient paralysés, l'hiver sévissait rigoureusement, les vivres manquaient. Il aurait suffi d'une heure de bonne volonté, d'une concession amicale faite par les deux partis, pour anéantir ces calamités.... et personne ne voulait céder... Toutefois, si la politique égarait l'esprit des citoyens, elle ne gâtait pas leur cœur, les mêmes hommes qui souffraient tout plutôt que de sacrifier un de leurs droits, faisaient les sacrifices pécuniaires les plus considérables pour diminuer la misère publique; l'argent, les vivres, les vêtements étaient prodigués aux familles indigentes, tous les malheureux se trouvaient secourus sans distinction de partis. La bienveillance chrétienne planait au-dessus des luttes sociales.

Le roi de Sardaigne secondait de tout son pouvoir ces généreux efforts, non-seulement il avait refusé de bloquer Genève, mais par son ordre exprès les Savoisiens envoyaient des vivres en abondance, en sorte que la position de la ville était rendue tolérable. La cour de Turin fit mieux encore, elle s'adressa aux Anglais pour obtenir que la France mît un terme à cette odieuse persécution. Encouragés par ces bons offices, M. Necker ainsi que MM. Fatio, Turrettini et Tronchin s'employèrent activement auprès des deux partis pour obtenir une réconciliation. Ils réussirent auprès de quelques personnes, mais ils reconnurent bientôt que, pour mener à bien ce difficile ouvrage, il fallait mettre en avant la Compagnie des pasteurs de Genève.

Ce corps choisit pour délégués MM. Vernes et Mercier, ecclésiastiques également respectés par tous les citoyens. Avant de faire des visites personnelles aux chefs des représentants et des négatifs, ces dignes pasteurs prononcèrent plusieurs discours pour apaiser les esprits :

« Il ne s'agit pas, dirent-ils, de savoir lequel des deux partis a « raison, lequel remportera la victoire. Nous vous proposons au-« jourd'hui un plus beau triomphe. C'est celui que vous remporte-« rez sur vous-mêmes... En recouvrant votre propre liberté vous « la rendrez à votre patrie. Vous ferez renaître cette liberté sage, « amie de l'ordre, modérée, qui se plaît à la subordination, qui « veut l'union de la concorde et qui ne respire que le plus grand « bien de l'Etat et des citoyens. »

Puis les pasteurs conjurèrent individuellement les citoyens d'avoir pitié de leur pays ; ils présentaient aux plus acharnés l'exemple de Rousseau qui, de son côté, faisait tous ses efforts pour calmer la tempête et se dépouillait du nécessaire afin de secourir les pauvres [1]. La lettre suivante, que M. Mercier lisait dans les maisons et dans les cercles, produisait une émotion véritable :

« J'ai vu, écrivait Rousseau, alors en Angleterre, vos conci-« toyens armés s'égorger dans vos murs, en ce moment même cette « catastrophe est prête à renaître. Ah ! coupez la racine à tous ces « maux par des moyens de concorde et de paix. Quant à moi, je « ne demande, ni ne désire, ni n'approuve qu'on revienne jamais

[1] Son revenu étant de 1300 francs, il en envoya 350 à Genève par l'entremise de M. Roustan. Voici la copie du reçu envoyé par M. Roustan à Jean-Jacques :

« I have received of M. Davenport on account of M. John James Rousseau, for the distressed people of Geneva the sum of L[s] 13, 11 schellings, 6 pences. London 9 fevrier 1767, Antony James ROUSTAN. »

« sur mon affaire, et je ne veux aucune démarche sur un point qui « doit rester à jamais dans l'oubli. Votre Etat a besoin de la plus « prompte pacification, de plus longs délais vous précipiteront dans « les plus grands malheurs. »

Rousseau travaillant de concert avec les pasteurs, il était facile de prévoir que le succès couronnerait leurs efforts..... Le *différend fut partagé*, et l'édit de conciliation voté le 11 mars 1768 à la majorité de 1204 suffrages contre 37.

Lorsque Rousseau apprit ce résultat, il versa des larmes de joie. « Voilà bien nos concitoyens » disait-il à Roustan, alors pasteur à Londres, qui lui en porta la nouvelle, « toujours mauvaise tête et bon cœur ! ! ! puis il écrivit aux Genevois ces admirables conseils :

« Mes chers amis, je vous en conjure, ne faites pas les choses « à demi. Le respect pour les magistrats fait dans les républiques « la gloire des citoyens, et rien n'est si beau que de savoir se sou- « mettre après avoir prouvé qu'on sait résister; il faut que votre « grande famille soit illustre, heureuse, florissante, et qu'elle donne « au monde un exemple digne d'imitation. »

Les Genevois comprirent ces paroles, et bientôt leurs sentiments envers Rousseau se traduisirent par une manifestation qu'il vaut la peine de raconter :

A Coutance, au n° 73, dans la maison où Rousseau passa deux ans, vivait une vieille servante, la mie Jacqueline, nourrice de Jean-Jacques, qui l'avait soigné comme une mère, et lui avait épargné plus d'une pénitence. Rousseau l'aimait tendrement et partageait avec elle son faible avoir. Il lui envoya d'Angleterre une tasse d'argent, qui lui avait longtemps servi. La bonne vieille va montrer son trésor dans le quartier : aussitôt son domicile est envahi, on apporte des bouteilles de vin, et chacun veut boire dans la tasse à Rousseau. Le lendemain c'est Jacqueline qui offre elle-même du vin, et la procession ne se termine pas.... Puis, considérant que la dépense est un peu forte, la malicieuse femme se fait apporter une *seille* d'eau, et lorsqu'à la *reposée* les visiteurs reviennent, « Messieurs, dit-elle, je n'ai plus de vin ; mais ceci est de l'eau de la fontaine de Coutance, que notre Rousseau a illustrée dans sa lettre à M. d'Alembert. A la santé de Rousseau ! avec l'eau de sa fontaine. » On but.... et l'on prétend que le changement du liquide ne diminua pas le nombre des santés.... Ce point important n'est point résolu dans le document qui relate ce fait.

Nous avons insisté en détail sur le rôle pacificateur que Rousseau joua dans la dernière période des troubles suscités par la condamnation de l'*Emile :* il nous semble que le simple exposé des documents officiels nous permet d'affirmer que Rousseau répara noblement le tort qu'il eut de céder un jour à la passion politique, en publiant les *Lettres de la montagne*.... Oui, Jean-Jacques avait raison d'écrire à la fin de sa vie, en se rappelant l'émeute de 1737, où le père et le fils allaient peut-être s'égorger : « Ce spectacle affreux « me fit une impression si vive que je jurai de ne jamais tremper « dans une guerre civile, et si jamais je rentrais dans mes droits de « citoyen, de ne jamais soutenir la liberté par les armes, ni de ma « personne, ni de mon aveu. Je rends le témoignage d'avoir tenu ce « serment dans une occasion délicate, où la modération avait du « prix. »

---

# CHAPITRE III

## Sentiments religieux de Rousseau.

### I

En étudiant l'influence que les coutumes genevoises exercèrent sur l'enfance de Rousseau, nous avons vu que, grâce aux soins du pasteur Lambercier, ses sentiments religieux acquirent un développement sérieux et pratique. Le philosophe nous a dépeint lui-même le caractère de son culte d'adolescent. Son cœur et sa conscience avaient donc reçu à Genève les meilleures directions de la piété chrétienne. Malheureusement la scène changea et des circonstances à jamais regrettables dénaturèrent la tendance religieuse du futur écrivain.

Agé de 14 ans, Rousseau délaissé par son père, traité avec indifférence par le reste de sa famille, fut placé chez un maître graveur, nommé Abel Ducommun. Il demeurait à Genève, rue des Etuves, nº 96, au 3me étage. Cet homme qui, dans l'acte d'apprentissage, « s'engageait à élever cet enfant dans la crainte de Dieu, et devait le soigner en bon père de famille, » ne tint aucunement sa parole. Rousseau, mal nourri, mal surveillé, contracta les habitudes les plus fâcheuses; on toléra les fautes graves, tout en lui infligeant les plus rudes châtiments pour de légers délits. Ces odieux procédés lui inspirèrent une résolution désespérée. Un dimanche du printemps, Jean-Jacques avait poussé trop loin sa promenade : le soir, au retour, les portes de la ville se trouvèrent fermées, il dut passer la nuit en plein air. Le maître le roua de coups; mais la passion d'errer à l'aventure fit bientôt retomber l'apprenti dans la même faute. Les meurtrissures de la correction précédente étant encore douloureuses, le pauvre martyr s'enfuit, erra deux jours dans les environs, puis se réfugia chez M. de Pontverre, curé de Confignon, village situé à une lieue de Genève. M. de Pontverre était un zélé controversiste : il reçut avec une extrême bienveillance cet enfant exaspéré, il le combla de bontés, lui fournit les moyens de poursuivre son voyage jusqu'à Annecy et lui donna une recommandation pour Mme de Warens. Cette jeune dame, poussée par des fautes et des chagrins, avait changé de religion et recevait une de ces pensions que les rois de Sardaigne accordaient alors aux transfuges du protestantisme.

Voici la lettre de M. de Pontverre, telle que les auteurs ecclésiastiques de la Savoie l'ont conservée[1] :

« Madame,

« Je vous envoie Jean-Jacques Rousseau, jeune homme qui a déserté son pays; il me paraît d'un heureux caractère; il a passé un jour chez moi, et c'est encore Dieu qui l'appelle à Annecy.

« Tâchez de l'encourager à embrasser le catholicisme. C'est un triomphe quand on peut faire des conversions. Vous concevez aussi bien que moi que, pour ce grand œuvre auquel je le crois assez dis-

[1] Mémoires de Mme de Warens, page 254, publiés par le clergé d'Annecy.

posé, il faut tâcher de le fixer à Annecy, dans la crainte qu'il ne reçoive ailleurs quelques mauvaises instructions. Ayez soin d'intercepter toutes les lettres qu'on pourrait lui écrire de son pays, parce que se croyant abandonné, il abjurera plus tôt. Je remets tout entre les mains du Tout-Puissant, et les vôtres que je baise.

Votre T.-H. S. DE PONTVERRE. »

D'Annecy, Rousseau fut conduit à Turin pour faire son abjuration. Voici l'acte qui constate ce fait et qui, je suppose, est imprimé pour la première fois[1] :

« Jean-Jacques Rosseau de Genève (calviniste), entré à l'hospice à l'âge de 16 ans, le 12 avril 1728. Abjura les erreurs de la secte le 21, et le 23 du même mois lui fut administré le saint baptême, ayant pour parrain le sieur André Ferrero, et pour marraine Françoise-Christine Rora (ou Rovea). »

Rousseau, dans ses *Confessions*, raconte qu'il passa deux mois au Spirito Santo. Cette erreur de mémoire est fort excusable chez un homme qui écrit sans notes après un intervalle de quarante années ; mais il est également impossible que les faits accumulés dans son récit s'encadrent dans l'espace de onze jours : il y a une confusion manifeste dans les souvenirs du philosophe.

## II

Après son abjuration, Rousseau demeura quelque temps à Turin, gagnant péniblement sa vie, essayant divers métiers. Il fit connais-

[1] Cet extrait textuel des registres du couvent du Spirito Santo, à Turin, a été remis avec une grande bienveillance par le directeur de cet établissement à mon ami M. Amédée Bert, pasteur à Turin.

sance d'un abbé nommé M. Gaime, cet ecclésiastique se prit d'une vive affection pour Jean-Jacques, lui donna d'excellents conseils et releva sa moralité, considérablement altérée par son séjour chez Abel Ducommun. Rousseau fit de rapides progrès dans la voie du bien..... Mais malheureusement M. Gaime était déiste et n'admettait pas le caractère surnaturel de la Révélation ; il ne croyait point aux miracles de Jésus-Christ ; le Sauveur n'était pour lui que le plus sublime des sages... Il enseigna cette théologie à son disciple. Les résultats sont faciles à concevoir... Un catéchumène à qui son instructeur religieux essaie de démontrer que l'élément miraculeux n'existe pas dans l'Evangile, ne pourra peut-être jamais arriver à la foi chrétienne....[1] Aussi ne devons-nous point nous étonner de la tendance religieuse de Rousseau. Il revint chez Mme de Warens déiste au fond du cœur, et catholique pratiquant et sincère au dehors : mélange de termes opposés qui se voit très-fréquemment en Italie et ailleurs....

Les faits suivants caractérisent les impressions religieuses de

[1] M. le pasteur Athanase Coquerel prêchait, il y a vingt ans, sur les heureux effets de l'éducation religieuse, à tous les âges de la vie. Il cita pour exemple Rousseau, et prouva que s'il était demeuré protestant son génie aurait grandi par suite de l'appui que donnent au talent des principes fermes et logiques, en religion et en morale. Parmi ses auditeurs se trouvait une dame anglaise, dont les parents avaient connu et admiré Rousseau. Elle voulut témoigner à M. Coquerel le plaisir que ses paroles lui avaient causé, elle lui légua un buste de Jean-Jacques dû au ciseau du célèbre Flaxmann, ajoutant que M. Coquerel ne pourrait se dessaisir de cet ouvrage que pour le placer dans un musée public. Les directeurs des galeries du Louvre ont fait des offres magnifiques à M. Coquerel, il a refusé, et il serait bien à désirer que la ville de Genève reçût de la générosité de quelques citoyens ce buste, qui est sans contredit le plus admirable travail qu'on ait exécuté d'après la tête de notre illustre philosophe.

Rousseau durant sa jeunesse. Il atteste un miracle, et voici la teneur du certificat qu'il livre aux amis de l'évêque d'Annecy, dont on poursuivait la béatification :

« Mme de Warens demeurant à Annecy dans la maison de M. « Bosge, le feu prit au four des cordeliers, qui répondait au toit « de cette maison, avec une telle violence, que ce four, qui conte- « nait un bâtiment assez grand rempli de fascines et de bois sec, fut « bientôt embrasé. La flamme, portée par un vent impétueux, s'at- « tacha au toit de la maison et pénétra par les fenêtres dans les « appartements. Mme de Warens donna d'abord ses ordres pour « tâcher d'arrêter les progrès de l'incendie et pour faire transpor- « ter ses meubles dans son jardin. Elle était occupée de ces soins « quand elle apprit que Mgr l'évêque était accouru au bruit du « malheur dont elle était menacée, et qu'il allait paraître dans l'in- « stant. Elle alla aussitôt au-devant de lui. Ils entrèrent ensemble « dans le jardin, il se mit à genoux avec elle et avec tous ceux qui « se trouvèrent présents, du nombre desquels j'étais, et commença « à prononcer des prières avec cette ferveur qui lui était ordinaire. « L'effet en fut sensible. Le vent, qui portait le feu par-dessus la « maison jusque dans le jardin, changea tout à coup, et éloigna si « bien les flammes de la maison que le four, quoique contigu, fut « entièrement consumé, sans que la maison eût d'autre mal que le « dommage qu'elle avait reçu auparavant. C'est un fait connu de « tout Annecy, et que moi, écrivain du présent Mémoire, ai vu de « mes propres yeux[1].

« Signé : ROUSSEAU. — Septembre 1729. »

Rousseau, dans ses *Confessions*, dit : « Je signai une attestation « du fait précédent, mais j'eus tort de donner ce fait pour un mi-

[1] Vie de Mgr l'évêque Rossillion de Bernex, livre 8, page 161.

« racle. J'avais vu l'évêque en prières, le vent changer, et même « très à propos, voilà ce que je pouvais certifier ; mais que la prière « fût cause du changement du vent, voilà ce que je ne devais point « dire, car enfin si ce miracle eût été l'effet des plus ardentes priè- « res, j'aurais bien pu m'en attribuer ma part. »

Huit ans plus tard, 1737, Rousseau faisait son testament. Il voulut un jour essayer une opération de chimie, l'appareil éclata, il est grièvement blessé, le chirurgien le condamne, il doit dicter ses dernières volontés. Voici cet acte[1] :

« Considérant la certitude de la mort et l'incertitude de son « heure, et qu'il est prêt d'aller rendre compte à Dieu de ses ac- « tions, fait son testament comme ci-après.

« Premièrement s'est muni du signe de la croix sur son corps.... « Recommande son âme à Dieu par le mérite de son Sauveur, de la « sainte Vierge, des SS. Jean et Jacques, ses patrons... Proteste « de vouloir vivre et mourir dans la sainte foi catholique... Donne « aux religieux capucins et augustins, et aux dames de Ste-Claire « la somme de 16 livres pour dire des messes pour le repos de son « âme.... il partage son bien entre son père et Mme de Warens. »

Tout catholique que fût cet acte, l'esprit genevois reparaît bientôt, on presse le malade de faire une donation en faveur des hôpitaux des SS. Maurice et Lazare ; cette institution était pour lors spécialement dirigée contre les protestants du diocèse de Genève.... Rousseau répond que ses facultés ne lui permettent pas de faire aucun legs de ce genre.

Rousseau guérit de ses blessures. Nous ne le suivrons pas dans ses voyages et ses malheurs. Nous le retrouvons âgé de quarante-deux ans (1754): ses travaux politiques et littéraires, ses triomphes

[1] Je dois sa communication à l'obligeance de M. Rabut, professeur d'histoire à Chambéry.

au théâtre et ses œuvres philosophiques attirent sur lui les regards et les applaudissements des cours et des académies. Au milieu de ses succès, Rousseau pense avec amour à son pays, il désire le revoir et faire hommage de sa gloire à sa ville natale. Nous avons raconté, dans le chapitre précédent, les impressions et les regrets qui l'engagèrent à reconquérir les droits de citoyen de Genève, et comme les lois de la république n'admettaient à la bourgeoisie que les protestants seuls, Rousseau dut abjurer le catholicisme et redevenir membre de l'Eglise genevoise.

Cette démarche, toujours si sérieuse, si délicate, était encore aggravée par la haute position du philosophe. Voici comment Rousseau explique l'état de sa conscience: « La morale de l'Evangile « est la même pour tous les chrétiens. Les dogmes ne peuvent être « expliqués. La fréquentation des incrédules a ranimé ma foi au « lieu de l'éteindre. La lecture de l'Évangile m'a montré Dieu et « le sort véritable de l'homme, je possède l'essentiel de la religion, « la forme est une affaire qui concerne les lois et les usages hu- « mains. »

Fort de ces pensées, Rousseau s'adresse au pasteur de sa paroisse, et comme il demeurait à Grange-Canal, il se met en rapport avec M. Maystre, ministre de Cologny, homme âgé, doué d'une grande douceur de caractère. Après quelques conférences, M. Maystre fait au Consistoire le rapport suivant :

Du 25 juillet 1754. « Le sieur Jean-Jacques Rousseau, citoyen, « ayant été conduit en Piémont en bas âge, y avait été élevé dans « la religion catholique romaine et l'avait professée pendant plusieurs « années. Dès qu'il a été éclairé, et qu'il en a reconnu les erreurs, « il n'en a plus continué les actes, au contraire il a dès lors fré- « quenté assidûment les assemblées de dévotion à l'hôtel de l'am- « bassade de Hollande à Paris, et s'est déclaré hautement de la re- « ligion protestante. Pour confirmer ces sentiments il a pris la

« résolution de venir dans sa patriè pour y faire son abjuration et « rentrer dans le sein de notre Église. Il supplie en conséquence « ce vénérable Consistoire de l'exempter de comparaître, et qu'il « lui plaise de le renvoyer devant une commission particulière. »

Le Consistoire délibère, on représente que le sieur Rousseau est maintenant atteint d'une maladie très-dangereuse, que l'on peut user avec lui d'indulgence ; qu'il est d'ailleurs d'un caractère timide, et reconnu, même par les personnes les plus jalouses de son mérite, pour avoir des mœurs pures et sans reproches. On le renvoie en conséquence devant une commission composée de MM. de Waldkirk, Sarasin et Maystre, pasteurs; Grenus, Pictet et Jallabert, professeurs; et il sera réintégré dans la communion de l'église de Genève, s'il satisfait aux diverses questions qu'ils sont chargés de lui adresser.

Voici comment Rousseau raconte cette scène : « M. Perdriau, « homme aimable et doux, avec qui j'étais fort lié, s'avisa de me « dire qu'on se réjouissait fort de m'entendre dans cette petite as« semblée. Cette attente m'effraya si fort qu'ayant étudié jour et « nuit un petit discours que j'avais préparé, je me troublai lorsqu'il « fallut le réciter, au point de ne pouvoir pas dire un seul mot, et « je fis dans cette conférence le rôle du plus sot écolier. Je répon« dis bêtement oui et non aux commissaires, et je fus admis à la « communion. »

Le registre du Consistoire s'exprime en ces termes :

Du premier août 1754. « Le sieur Jean-Jacques Rousseau ayant « satisfait sur tous les points par rapport à la doctrine on l'admet à « la sainte Cène. »

Le formulaire de réintégration dans l'église de Genève est aussi simple que complet. On demande à l'aspirant s'il admet l'Ancien et le Nouveau Testament comme vérité révélée et divine : et l'on ajoute quelques propositions contenant les grands devoirs de la morale évangélique.

Rousseau répond affirmativement aux articles de cette profession de foi. Il rentre dans ses droits de citoyen et se trouve entouré des marques les plus douces d'affection et de confiance de la part des pasteurs et des principaux bourgeois admirateurs de son talent.

## III

Les Genevois désiraient vivement que le philosophe pût se fixer dans sa patrie, et Rousseau adopta cette idée. Malheureusement les encyclopédistes contrecarrèrent ce projet : l'influence de la cité protestante devenait trop sensible chez Jean-Jacques, il fallait l'éloigner, le conserver à Paris. Un agréable asile lui fut offert à l'Ermitage et l'établissement à Genève se trouva indéfiniment ajourné. Toutefois, son esprit et son cœur étaient sans cesse préoccupés des intérêts intellectuels et religieux de sa ville natale, et durant quatre années il entretint une correspondance suivie avec les pasteurs genevois. Voltaire en fit les frais. Voltaire, comme on le sait, voulait démoraliser Genève et détruire le christianisme professé par la majorité des habitants de cette ville. Dans ce but, il favorisait le goût du plaisir, le luxe, l'habitude du théâtre, et voulant à tout prix exercer sa passion pour l'autorité, jouer le rôle de seigneur suzerain, il intriguait de mille manières afin de « régenter les vingt-cinq perruques dont le gouvernement genevois était composé. »

Il désirait surtout anéantir l'œuvre religieuse de Calvin dont l'influence durait déjà depuis deux siècles ; ce Calvin lui causait une profonde irritation, il voulait faire fleurir l'esprit du temps sur les débris de la morale du réformateur.

Les pasteurs et les citoyens genevois amis du christianisme luttèrent courageusement contre ce déplorable envahissement [1]. Rousseau s'unit au clergé pour réfuter les odieux libelles que Voltaire répandait à foison dans la ville; alors Voltaire joignit la calomnie aux pamphlets irréligieux, et comme les pasteurs avaient fait disparaître un très-grand nombre de ses plus mauvaises brochures, il voulut perdre de réputation l'homme qui se montrait le plus persévérant dans la lutte, Jacob Vernet, professeur de théologie. Dans ce but, on écrivit à Fernex quelques feuilles signées, ***Vernet, professeur***, et intitulées : *Dialogues chrétiens* ou ***Préservatifs contre l'Encyclopédie***, et voici comment M. Vernet raconte l'affaire à Rousseau: « Hélas, cher et illustre ami, ils ont osé transporter ici la scène des libelles satiriques et scandaleux qui a si indécemment agité Paris l'année dernière. Ces deux dialogues sont infâmes, c'est un prêtre furibond, un ministre fourbe et avare qui se liguent contre un philosophe : le ministre avoue des tours de coquin, le philosophe est le résumé des vertus humaines.... Tout cela est signé Jacob Vernet, professeur de théologie à Genève.... Le Conseil en a ordonné la destruction. Septembre 1756. »

Rousseau lui répond : « Ainsi donc la satire, le noir mensonge et les libelles sont devenus les armes de M. de Voltaire. C'est ainsi qu'il paie l'hospitalité dont par une funeste indulgence Genève use envers lui ; ce fanfaron d'impiété, ce beau génie et cette âme basse, cet homme si grand par ses talents, si vil par leur usage, laissera de longs et cruels souvenirs parmi nous. Le ridicule, ce poison du bon sens et de l'honnêteté, la satire ennemie de la paix publique, la mollesse, le faste arrogant nous forment dans l'avenir un peuple de petits plaisants, de baladins, de beaux esprits de comptoirs, qui de

[1] Voir les détails de ces intrigues dans l'ouvrage de M. Gaberel, *Voltaire et les Genevois*.

la considération qu'avaient ci-devant nos gens de lettres, élèveront Genève au niveau de la gloire des académies de Marseille et d'Angers. »

Cette lettre fut immédiatement transcrite et distribuée dans la ville à un très-grand nombre d'exemplaires. « Elle frappe fort sur les consciences, dit Roustan, et bien des gens, après l'avoir lue, gardent ce silence significatif dont le remords est le père. »

Voltaire ne put digérer cet affront, et dès lors il saisit toutes les occasions d'insulter Rousseau. Toutefois les dures paroles de cette lettre étaient son moindre grief; comme il voulait diriger l'esprit des hommes sérieux, il souffrait cruellement en voyant la meilleure place prise par son antagoniste. Cette place était bonne, on peut en juger par la lettre suivante :

M. Sarasin aîné, pasteur, à Rousseau, septembre 1758 : « Je n'ai pas de termes assez expressifs pour vous marquer la satisfaction que j'ai ressentie en relisant le digne ouvrage qui vient de sortir de votre plume *(Lettre sur les spectacles)* et que M. Vernes m'a remis de votre part. Vous venez de rendre un service signalé à notre commune patrie, en vous élevant aussi librement et aussi fortement que vous l'avez fait contre la fureur des spectacles, et en montrant tout le ridicule et le danger du projet qu'ont formé certaines personnes d'établir un théâtre dans notre ville. Je partage avec tous nos bons compatriotes la reconnaissance que tout notre public vous doit pour le bien que votre livre ne manquera pas de faire auprès de tous ceux qui savent penser sainement et qui ne sont pas livrés à l'amour de la frivolité et du plaisir.

« Que j'ai de regrets, Monsieur, de n'être pas à portée de jouir de vos entretiens et de contempler de près cette vertu qui vous rend si respectable et qui vous attire l'estime et les vœux de tous ceux qui en connaissent le prix. »

De leur côté, les pasteurs multiplièrent les démarches pour rappeler Jean-Jacques dans sa patrie. Ils étaient sûrs que sa présence rendrait de signalés services à la religion nationale, et voici la tournure qu'avait prise leur correspondance :

Vernes, 1758 : « Notre maître en plaisanteries fait sans doute quelques prosélytes ; ce sont des jeunes gens qui sont de Genève, mais ils n'ont pas l'âme genevoise. Ainsi nous n'avons rien perdu. Si le ton, les manières, les maximes de Voltaire en ont perdu quelques autres dans la bourgeoisie, ils sont en très-petit nombre, et osent à peine se montrer. Je lisais votre lettre (la précédente) à mon bon ami, M. de Rochemont.... Eh, mon cher! s'écria-t-il, dites à cet illustre honnête homme que nous sommes presque tous bons et bêtes.... Il y a dans le gros de la bourgeoisie un instinct moral, un fond de vertus qui n'a point encore reçu d'atteinte. — Il a raison, ces gens-là vous aiment, vous estiment, vous révèrent, ce serait le moment de venir travailler avec nous, d'augmenter le bataillon sacré qui résiste à Voltaire, afin que Genève reste toujours Genève. »

Rousseau, misérablement enlacé dans sa fausse position d'intérieur, ne pouvait s'éloigner pour longtemps de Paris ; il y revint, et bientôt l'occasion se présenta de manifester les croyances religieuses qu'il avait retrempées et fortifiées dans l'atmosphère genevoise.

Un soir, Jean-Jacques se trouvait chez sa protectrice, Mme d'Epinay, et, suivant l'usage, la conversation roulait sur les principes matérialistes : on plaisantait agréablement au sujet de la religion. St-Lambert tenait le haut bout de l'entretien. Oui, disait-il, il faut l'avouer, le culte produit de grands effets, puisque les philosophes eux-mêmes sont tenus à l'aspect d'une multitude prosternée.... cela est vrai, mais cela ne se conçoit pas.

Duclos. Que fait ce peuple de sa raison? il se moque des autres peuples de la terre, et il est encore plus incrédule qu'eux.

ROUSSEAU. Pour crédule, je le lui pardonne, mais je ne lui pardonne pas de condamner ceux qui le sont autrement que lui.

Mlle QUINAULT. En matière de religion, tout le monde a raison; mais il faut que chacun demeure dans celle où il est né.

ROUSSEAU. Non point! pour Dieu! si elle est mauvaise, car alors elle ne peut faire que beaucoup de mal.

Mme D'EPINAY. La religion fait aussi beaucoup de bien, elle est un frein pour le menu peuple qui n'a pas d'autre morale.

ST-LAMBERT. Le peuple a plus peur d'être pendu que d'être damné. Le code civil et non la religion règle les mœurs! La religion a fait restituer à Pâques un écu à ma servante; mais elle n'a jamais fait restituer des millions mal acquis, une province usurpée, ni réparer une calomnie.

Mlle QUINAULT. Un instant! nous sommes ici pour substanter cette guenille qu'on appelle corps. Duclos sonnez et qu'on nous serve.

On servit, les valets étant sortis et la porte fermée, St-Lambert et Duclos s'évertuèrent au point de détruire toute idée religieuse, la religion naturelle comme le reste.

Enfin, dit ST-LAMBERT, qu'est-ce qu'un Dieu qui se fâche et s'apaise!

Mlle QUINAULT. Mais parlez donc, marquis, est-ce que vous seriez athée?

ST-LAMBERT. Sans doute.

ROUSSEAU. Si c'est une lâcheté de souffrir qu'on dise du mal de son ami absent, c'est un crime que de souffrir qu'on dise du mal de son Dieu qui est présent, et moi, Messieurs, je crois en Dieu!

Mme D'EPINAY. Pascal croyait en Dieu aussi! vous M. de St-Lambert, qui êtes poëte, vous conviendrez avec moi que l'existence d'un Être éternel, tout-puissant, souverainement intelligent, est le germe du plus bel enthousiasme.

St-Lambert (ricanant). J'avoue qu'il est beau de voir ce Dieu incliner son front vers la terre et regarder avec admiration la conduite de Caton. Cette notion est, comme beaucoup d'autres, très-utile dans quelque grande tête, elle y peut produire l'héroïsme, mais elle est le germe de toutes les folies.

Rousseau. Messieurs ! si vous dites un mot de plus, je sors ! ! et il s'éloignait en effet... toutefois on réussit à le retenir, en lui promettant de changer de conversation.

Lorsqu'on étudie les manifestations religieuses de Rousseau, dans un moment où le matérialisme triomphait de toute part, on regrette amèrement les querelles politiques et les rancunes du clergé français qui aigrirent le philosophe et le poussèrent dans une voie qu'il n'eût jamais choisie. La condamnation et la destruction légale de l'*Emile* furent une des fautes les plus graves au point de vue philosophique et religieux.

## IV

L'*Emile*, dont nous devons maintenant examiner les tendances religieuses, fut accueilli, comme nous l'avons vu, avec un engouement passionné, et, sous le rapport philosophique, ce livre méritait l'enthousiasme qu'il excita. En effet, pour apprécier l'importance de l'œuvre de Rousseau, pour comprendre la grandeur du service qu'il rend à la cause de la vérité, il faut rappeler l'état des croyances en 1762.

L'école de philosophie, qui régissait la pensée française, admettait la matérialité de l'âme.

En morale, cette secte affirme que le devoir n'existe pas, et que la distinction du juste et de l'injuste n'est qu'une illusion.

En religion, la plupart des philosophes nient l'existence de Dieu et couvrent des plus indignes railleries la personne du Christ.

D'Holbach, Helvétius, Diderot, d'Alembert, Condillac, sont les directeurs absolus des intelligences et de la littérature. Près d'eux s'élève Rousseau, dont l'éloquence irrésistible entraîne l'opinion, et que les journaux, les académies, les souverains reconnaissent pour un écrivain du premier ordre. Rousseau n'a point encore fait d'opposition décisive aux tendances matérialistes du jour... la lutte est circonscrite sur le territoire genevois... Tout à coup Rousseau lance dans le monde un manifeste.... et ce manifeste renferme la plus décisive protestation contre la philosophie incrédule des encyclopédistes... Rousseau remplit ce devoir, sachant qu'il déchaînera contre lui les plus terribles colères de Paris et de Berlin.

Peu importe.

A Helvétius, qui rabaisse l'humanité au niveau de la brute, et qui affirme que la seule chose qui sépare l'homme du singe, c'est qu'il a le pouce opposable aux doigts... Rousseau dit : « Quoi ! je puis sentir ce que c'est qu'ordre, beauté, vertu ! je puis contempler l'univers, m'élever à la main qui le gouverne, et je me comparerais aux bêtes ! Ame abjecte, c'est la triste philosophie qui te rend semblable à elles.... Ou plutôt tu veux en vain t'avilir : ton génie dépose contre tes principes, et ton cœur bienfaisant dément ta doctrine, et l'abus même de tes facultés prouve leur excellence en dépit de toi. »

A ceux qui déclarent qu'il n'y a point de distinction entre le juste et l'injuste, et qui nient la réalité du devoir moral, Rousseau répond : « Conscience ! conscience ! instinct divin ! immortelle et céleste voix! guide assuré d'un être intelligent et libre! juge infaillible du bien et du mal, qui rend l'homme fait à l'image de Dieu... Sans toi je ne sens rien en moi qui m'élève au-dessus des bêtes que le triste privilége de m'égarer d'erreurs en erreurs, sans règle et sans principes. »

A ceux qui nient Dieu, Rousseau parle en ces termes : « Plus je m'efforce de contempler son essence infinie, moins je la conçois ; mais elle est, cela me suffit; moins je la conçois et plus je l'adore. Je m'humilie, je lui dis : Être des êtres! je suis parce que tu es. Le plus digne usage de ma raison est de s'anéantir en toi : c'est mon ravissement d'esprit, c'est le charme de ma faiblesse de me sentir accablé de ta grandeur. »

A Voltaire, qui vient d'écrire que les actions de Jésus et de ses apôtres sont dignes d'un échappé de Bédlam, Rousseau répond : ..... « La sainteté des Evangiles parle à mon cœur..... Se peut-il qu'un livre aussi simple et aussi sublime soit l'ouvrage d'un homme..... Si la vie et la mort de Socrate sont d'un sage, la vie et la mort de Jésus sont d'un Dieu. »

L'*Emile* étant lu avec enthousiasme dans le public, les encyclopédistes éprouvèrent une colère violente contre le philosophe genevois. Voltaire résume cette impression dans une lettre à jamais mémorable :

« Avez-vous lu la prose du sieur Jean-Jacques, son *Vicaire savoyard* est digne de tous les châtiments possibles..... Le *Judas* nous abandonne, et quel moment choisit-il pour nous abandonner, l'heure où notre philosophie allait triompher sur toute la ligne [1]. »

[1] M. Rigaud-de Constant possède l'exemplaire de l'*Emile* qui fut remis à Voltaire lors de la première apparition du livre, et voici les notes autographes écrites sur les marges de ce volume par le philo-

Les esprits élevés, les amis du vrai et du bien se séparèrent de l'*Encyclopédie* et félicitèrent Rousseau de sa loyale franchise, et l'un des hommes qui avait entre tous le droit de parler de courage moral, le président de Montclar rendit solennellement justice au philosophe genevois. M. de Montclar avait, comme on le sait,

sophe outré de ce que Rousseau se permette de parler avec respect de Jésus-Christ et des Evangiles.

ROUSSEAU dit : « L'essentiel pour le philosophe est de penser autrement que les autres, chez les croyants il est athée, chez les athées il se dit croyant.

VOLTAIRE. Vous avez raison, c'est le portrait du peintre.

ROUSSEAU. Je suis un être actif et intelligent, quoi qu'en dise la philosophie.

VOLTAIRE. Pourquoi calomnier les philosophes.

La discussion sur les miracles ne suscite aucune observation. Mais lorsque Rousseau écrit : « Qu'un homme ordonne au soleil de changer sa course, aux montagnes de s'aplanir, aux flots de s'élever, qui ne reconnaîtra pas à l'instant même le maître de la nature?

VOLTAIRE. Et moi je reconnaîtrais le mauvais principe, l'Arimane qui viendrait gâter l'ouvrage d'Oromaze.

ROUSSEAU. Où est l'homme, où est le sage qui sait agir, souffrir et mourir, sans faiblesse et sans ostentation?

VOLTAIRE. Sans faiblesse, et sa sueur de sang?

ROUSSEAU. Mais ou Jésus avait-il pris chez les anciens cette morale élevée et pure dont lui seul a donné les leçons et l'exemple?

VOLTAIRE. Lui seul! Et Epictète, Porphyre, Confutzée, Pythagore et tant d'autres.

ROUSSEAU. Si la vie et la mort de Socrate sont d'un sage, la vie et la mort de Jésus sont d'un Dieu.

VOLTAIRE. Qu'est-ce que la mort d'un Dieu?

ROUSSEAU. L'Evangile a des caractères de vérité parfaitement inimitables.

VOLTAIRE. Pitoyables? vous voulez dire.

Enfin Rousseau, après avoir prouvé la nécessité de la certitude du travaillé durant nombre d'années à expulser les jésuites de France, il avait méprisé les périls que courent les adversaires de cette puissante société..... il disait de Jean-Jacques :

« Je suis enthousiasmé de tout ce qu'il écrit pour prouver qu'il y « a un Dieu, et je connais assez mon siècle pour savoir le meilleur « gré à M. Rousseau de la profession ouverte de cette croyance et « de la persévérance à enseigner qu'il y a un bien et un mal moral. « Hélas! s'il avait voulu être athée, il aurait beaucoup plus de par« tisans [1]. »

Si l'*Emile* n'eût renfermé qu'un système de philosophie morale et spiritualiste, sans aucun doute le clergé et le Parlement auraient joint leurs suffrages aux applaudissements du public lettré. Mais, en politique, Rousseau proclamait l'égalité et la responsabilité de tous les hommes devant la loi, l'égalité de toutes les charges sociales pour toutes les classes de la société. Ces idées, aujourd'hui reconnues comme des vérités incontestables, furent irrévocablement condamnées il y a cent ans.

Pour le clergé et les hommes croyant à la révélation chrétienne, l'*Emile* offrait une grave lacune. Rousseau établit la religion naturelle, la croyance en Dieu, l'immortalité de l'âme, l'existence et l'autorité suprême de la morale de Jésus-Christ; mais il ne peut aller plus loin, et s'il pense que l'Evangile est un livre divin à cause

jugement dernier, termine un paragraphe par ces mots: « Philosophe! tes lois morales sont fort belles, mais montre-m'en de grâce la sanction. Cesse un moment de battre la campagne et dis-moi nettement ce que tu mets à la place des châtiments à venir. »

Voltaire ne laisse pas échapper cette inconséquence chez l'écrivain qui vient tout à l'heure de prouver que les miracles attestant l'immortalité ne sont pas réels... aussi dit-il: « Et toi que peux-tu mettre à la place de cette croyance, misérable qui te contredis sans cesse.

[1] Montclar, Lettre à Moultou, son parent.

de sa sublimité, il ne peut admettre le fait surnaturel de la révélation.... l'existence du miracle. En conséquence, l'*Emile* est condamné pour des motifs fort divers. L'avocat du roi le condamne : « Parce que des hommes élevés par Rousseau seraient enclins au doute et préoccupés de la tolérance. » L'archevêque de Paris le condamne dans un mandement où il dit : « Vous préconisez l'excellence de l'Evangile dont vous détruisez les dogmes. Vous peignez la beauté des vertus que vous éteignez dans l'âme de vos lecteurs[1]. »

A la suite de ces réquisitoires, le Parlement décrète l'emprisonnement de Jean-Jacques, et le 11 juin 1762 son livre est brûlé par la main du bourreau.

## V

Que devait-on faire à Genève? Nous avons vu que la république était dans les tenailles de la France, et qu'en 1762 Voltaire était tout-puissant à Versailles. On condamna donc l'*Emile* pour plaire à M. de Choiseul et l'on sévit contre les amis de Rousseau.

Si cette mesure se conçoit au point de vue politique, il faut avouer qu'au point de vue religieux la flétrissure de l'*Emile* était absurde de la part des magistrats genevois. Sans doute, d'après le texte des

[1] M. de Beaumont, archevêque, n'était pas capable, d'après l'opinion des contemporains, de rédiger lui-même ce remarquable mandement ; il rencontre un jour Piron et lui dit : « M. Piron, avez-vous lu mon mandement? — Oui, Monseigneur...... et vous..... »

édits, la sentence revêtait une stricte légalité : « tout homme qui dogmatise contrairement à la foi reçue, doit être admonesté avec douceur et puni s'il ne se range... » Et, contrairement à la foi reçue, Rousseau niait les miracles de l'Evangile. Mais depuis cinquante années cette loi était tombée en désuétude à Genève, la liberté de conscience, d'écrits et de paroles avait succédé au régime de la foi légalement imposée. Les livres discutant les vérités religieuses avec le respect et la convenance nécessaires en pareil cas, étaient imprimés sous les yeux du gouvernement, ou se vendaient publiquement chez les libraires. En particulier Lesage et M^lle^ Huber avaient traité le même sujet que Rousseau sans encourir les rigueurs de la loi... On comprenait bien la fausse position des magistrats, on savait que l'affaire était plus politique que religieuse, car les amis de Rousseau lui écrivaient : « Au fait on a battu l'*Emile* sur le dos du *Contrat social.* »

La position du clergé genevois était très-délicate. Déjà, lors de la publication de la *Nouvelle Héloïse*, les pasteurs avaient témoigné un étonnement douloureux en voyant Rousseau oublier qu'il avait répondu affirmativement au Consistoire, touchant le fait du caractère miraculeux de l'Evangile; leurs craintes s'étaient réalisées, ils savaient que Rousseau, toujours à la merci des impressions du moment, ne pourrait échapper à l'influence de la coterie incrédule de Paris.... L'*Emile* vint compliquer encore la situation, et, avant d'exposer la conduite du clergé genevois, nous devons dire que ces pasteurs ont été singulièrement jugés par deux partis extrêmes dans leurs appréciations. Les amis de Rousseau reprochent amèrement aux pasteurs de Genève d'avoir attaqué l'*Emile* dans leurs écrits et leurs sermons, d'avoir applaudi à la condamnation d'un livre qui écrasait le matérialisme et proclamait la tolérance. Ils auraient dû remercier publiquement Rousseau du service qu'il rendait à la religion, au milieu du siècle le plus incrédule des temps modernes.

Nous entendons encore de nos jours cette récrimination formulée dans des termes identiques.

D'autre part, les écrivains protestants français et anglais, qui depuis 1816 attaquent l'Eglise de Genève, déclarent que les pasteurs de 1762 pactisèrent avec Rousseau, abandonnèrent la défense de la révélation et se bornèrent à une commode religion naturelle, qui n'engage ni la raison, ni la conscience.

La vérité se trouve nécessairement entre ces deux extrêmes, et voici la ligne de conduite observée par les pasteurs de Genève à l'égard de Rousseau ; leurs correspondances nous la dévoilent sans réserve.

Rousseau, disent-ils, a une influence universelle sur le monde pensant, il rend un grand service dans ces temps, où l'on déverse la raillerie sur les idées religieuses, en proclamant sa vénération pour la morale évangélique et le caractère divin de notre Sauveur; si nous pouvions l'attirer plus loin, lui faire accepter une adhésion complète à la révélation chrétienne, nous rendrions un immense service à notre cause.... Rousseau chrétien ramènera peut-être autant d'âmes incrédules à l'Evangile que jadis Calvin en fit sortir de l'Eglise romaine...

Pénétrés de cette vérité, les pasteurs gardent un silence officiel touchant la condamnation de l'*Emile*, ils ne font aucune démarche pour ou contre ce jugement. En chaire, ils réfutent les tendances blâmables du livre. Les ecclésiastiques particulièrement liés avec Rousseau écrivent des brochures où l'amour de la vérité chrétienne se mêle au regret de combattre un ami, ils espèrent toujours le ramener au christianisme évangélique, et voici, parmi la volumineuse correspondance du temps, trois lettres qui résument complétement la position.

« Cher Monsieur ! mes sentiments sur tout ce qui vous regarde sont assez connus. J'ai toujours rendu justice à vos talents, et j'ai admiré bien des choses dans vos ouvrages, surtout celles qui tendent fortement aux bonnes mœurs. On a eu raison de dire qu'en lisant votre beau tableau de la religion naturelle, je m'écriai avec Tertullien : *O testimonium animæ naturaliter christianæ*. Mais on ne vous a pas non plus caché que je sentais, comme tous mes collègues, sur les endroits qui ont été justement repris dans l'*Emile* et le *Contrat social*, quoique j'aie tempéré ce blâme par la plus grande modération relativement à votre personne. Mon frère en a jugé de même, et autant nous avons été d'accord pour désapprouver les côtés répréhensibles de vos derniers livres, autant le sommes-nous pour compatir aux chagrins qu'ils vous ont attirés et très-disposés à vous rendre tous les services personnels.

« Voilà, Monsieur, comment nous sommes vos ennemis.

« La *Gazette de Bruxelles*, voulant nous faire passer pour déistes, dit que le magistrat vous condamne et le clergé vous approuve. Il n'est pas difficile de connaître l'auteur de cette fausseté. L'exposé de mes sentiments peut vous faire juger de l'esprit que je porte dans l'engagement que j'ai pris de vous réfuter. L'honneur de notre Eglise au dehors, son édification au dedans, exigent quelque chose. Nos prédicateurs ont fait leur devoir, mais on demande quelque écrit. Ma place et la nature de mes travaux m'ont imposé cette tâche. Je suis bien aise d'apprendre que vous la verrez sans peine. Croyez qu'en contredisant l'écrit, je ménagerai autant qu'il est possible l'auteur, et que je n'aurai garde de le confondre avec le contempteur de toutes les religions.

« Votre tout dévoué, Jacob VERNET,
*professeur en théologie*. 1762. »

Moultou avait pour Rousseau une affection inaltérable, mais le devoir passe avant l'amitié chez les ministres fidèles à leur mandat. Moultou lui écrit (1762) :

« Je ne vous l'ai point dissimulé, mon cher ami, ce que vous avez dit de la religion afflige ceux-mêmes de vos compatriotes qui vous aiment le plus, parce qu'ils aiment encore plus la religion. Cependant ils cherchent à vous excuser et à vous défendre... tandis que les ennemis de la religion et de la patrie triomphent de ce que vous leur avez fourni des armes pour leurs attaques. »

Vernes prend la plume à son tour, en septembre 1762 :

« A présent, mon cher Rousseau, que je vous crois moins accablé de lettres, je viens épanchér mon cœur près de vous. Moultou vous aura dit combien j'ai souffert des persécutions que vous avez endurées. Mais pourquoi n'avoir pas eu assez de confiance en moi pour me prévenir de ce que vous vouliez donner au public. Je crois que les représentations de l'amitié vous auraient détourné de ce projet.

« Quand tout ce que vous avez dit sur le christianisme serait fondé, quel bien feriez-vous à la société en lui enlevant ses plus fermes appuis... Quelles angoisses vous avez mises dans de bonnes âmes en voyant des doutes proposés avec tant de force par un homme dont on adore les talents et le génie... Oui, mon cher Rousseau, j'en ai vu de ces âmes allarmées par la lecture de votre *Emile*, et auxquelles j'ai eu bien de la peine à rendre cette tranquillité d'âme que donne une foi vive et dont nous avons tant besoin dans cette vallée de larmes et de misères. Je sais que votre système de religion naturelle est admirable, je l'ai lu et relu avec transport, je ne connais rien qui approche de cet excellent morceau... Mais pourquoi ne pas vous en tenir là... Et quel service vous auriez rendu, en retranchant de cette religion ce que les hommes y ont ajouté, et en montrant que la doctrine de Jésus et des apôtres s'accorde avec la religion naturelle, la perfectionne, la complète en lui donnant une suprême et infaillible autorité...

« Mais par vos difficultés sur le christianisme, vous avez troublé des âmes mal affermies dans la foi et fait triompher des libertins qui s'appuient de l'autorité d'un homme tel que vous, d'un amateur de la vérité. Si du moins les hommes étaient tels que vous les demandez dans la religion naturelle; mais, mon cher Rousseau, qu'ils sont loin d'adorer Dieu avec cette simplicité, cette pureté de cœur que vous exigez de vos disciples!.... J'abrége, mon cher Rousseau, il m'a été impossible de ne pas vous montrer le fond de mon cœur. Vous aimez trop la franchise pour blâmer celle avec laquelle je vous parle, il manque à mon bonheur de ne pas vous voir dans une patrie dont vous auriez fait les délices par votre commerce, comme vous en faites la gloire par votre génie. »

Cette ligne de conduite si franche et si charitable déplut souverainement à Voltaire: il vit que le rapprochement des pasteurs genevois et de Rousseau tournerait à l'avantage de la religion et déterminerait peut-être chez l'impressionnable écrivain quelque évolution vers le christianisme révélé. Il fallait à tout prix éviter de la part de Rousseau une nouvelle *trahison* pire que la première. Dans le but de brouiller Jean-Jacques avec ses amis et de compromettre le clergé de Genève, il fit insérer l'article suivant dans la *Gazette d'Utrecht*:

« Grand et édifiant spectacle offert par la vénérable Compagnie des pasteurs de Genève! tandis que le gouvernement brûle les livres de Rousseau! le clergé les approuve et se trouve très-heureux d'en être réduit à une religion naturelle qui ne prouve rien et ne demande pas grand'chose. »

Rousseau, prévenu par M. Vernet, méprisa cette jonglerie, et les pasteurs genevois gardèrent ce silence plein de dignité qu'ils ont toujours su observer contre les attaques adressées à leurs personnes, mais indifférentes à la religion.

# VI

Une polémique à la fois consciencieuse et charitable se développa surtout au sujet de l'éducation religieuse de la jeunesse. Rousseau, comme on le sait, ne veut pas qu'on parle de religion aux enfants, il recule l'enseignement religieux jusqu'aux extrêmes limites de l'adolescence... Aussi ses adversaires l'ont-ils accusé de favoriser l'impiété et de vouloir anéantir le souvenir du Créateur dans les années où les impressions sérieuses deviennent ineffaçables.... Ce jugement est injuste ; il faut étudier Rousseau lui-même pour apprécier convenablement ses idées. Voici ses paroles touchant cet important sujet :

« Dieu, l'être incompréhensible qui embrasse tout et forme tout le système des êtres, échappe à tous nos sens.

« L'ouvrage se montre, mais l'ouvrier se voile.

« Dieu est esprit, et l'idée d'esprit sans corps est insaisissable pour un enfant. L'enfant qui croit en Dieu lui donne nécessairement une forme : il est antropomorphite, il donne à Dieu la forme humaine; ou bien il est idolâtre, il adore le corps qu'il donne à son Dieu.

« Si l'on parle à l'enfant de la force de Dieu, de sa puissance, il l'estimera presque aussi fort que son père ; il sera comme ce paysan suisse qui se croyait le plus riche des hommes, et à qui l'on tâchait d'expliquer ce que c'était qu'un roi, et qui demandait d'un air fier si le roi pouvait bien avoir cent vaches à la montagne. En un mot, je le dis, les mystères chrétiens sont incompréhensibles, et les enfants, s'ils croient en Dieu, ce n'est pas en Dieu qu'ils croient, c'est à Pierre, Jacques ou Jean, qui lui disent qu'il y a un Dieu, quelque chose qu'on appelle Dieu. »

Voilà l'objection dans toute sa force.... Est-il vrai que Rousseau favorisa l'impiété en repoussant jusqu'à l'âge de quinze ou dix-huit ans le moment de parler de Dieu à la jeunesse.

Au fond, quelle est la pensée de Rousseau?

C'est la suprême. importance de donner à l'homme la notion du Dieu esprit et vérité; c'est l'horreur qu'il a pour les images taillées qui présentent aux enfants catholiques l'Eternel Dieu en robe bleue et en manteau rouge; c'est sa répugnance non moins vive pour l'idée païenne que tous les enfants se font de l'Etre suprême, lorsqu'un domestique imprudent, un camarade effrayé leur peignent le bon Dieu sous la forme d'un fantôme, d'un spectre, d'un être mystérieux caché dans les nuages ou dans le grenier de la maison.

Ces restes d'idolâtrie et de paganisme, Rousseau voulait les détruire, et l'immense difficulté de faire comprendre à l'enfant le Dieu esprit, lui fait ajourner cette tâche jusqu'à la maturité de l'intelligence.

Rousseau se trompe sans nul doute, et les mères de famille, les catéchistes qui savent parler de Dieu aux enfants, démontrent journellement son erreur; mais, en admettant cette erreur, devait-on traiter l'auteur de l'*Emile* comme un impie, un détracteur des principes religieux.

Le clergé français prononça ce verdict, mais les pasteurs de Genève comprirent autrement la question : ils discutèrent les idées de Rousseau avec une force de logique enveloppée d'une grande modération dans les termes. Le philosophe sut très-bon gré à ses amis de cette manière de procéder, et plus tard, dans ses confessions, il modifia ses idées touchant l'impossibilité de donner aux enfants des notions religieuses, et déclara cette éducation possible, pourvu qu'on sût parler avec la simplicité et le sentiment qu'exige un semblable sujet.

Les pasteurs et Rousseau s'entendirent très-aisément sur les améliorations qu'exigeait l'enseignement religieux. La prédication et le catéchisme étaient alors enveloppés de formes aussi solennelles que pédantes, la chaire exigeait un langage pompeux, fleuri, et jusqu'aux vérités les plus simples tout se disait avec emphase. Rousseau avait dès longtemps jugé ces défauts et signalé leurs inconvénients, et un jour que deux ou trois jeunes ministres genevois le visitaient à Motiers, il leur donna une leçon d'art de la chaire qu'ils n'oublièrent jamais. Pierre Mouchon prêcha dans le temple de Motiers. Rousseau loua beaucoup la logique et la chaleur de sa composition. « Mais, ajouta-t-il, croyez-vous qu'un seul de vos auditeurs vous ait compris? j'en doute! vous et vos collègues, vous parlez pour des réunions d'académiciens... croyez-moi, vous ne ferez aucun bien avec vos discours que lorsque vous parlerez en chaire comme avec vos amis... le premier qui essayera cette réforme aura tout le monde contre lui, mais plus tard tout le monde le remerciera. »

Du sermon, Rousseau passa au catéchisme et se laissa emporter à une véritable indignation contre les formes compassées et pédantes qui dénaturaient alors cet enseignement, et fit sentir la nécessité de parler aux enfants à l'église comme à la maison.

Les jeunes ecclésiastiques emportèrent les avis de Rousseau, et plus tard ces excellentes directions portèrent leurs fruits. La prédiction de Jean-Jacques fut réalisée dans tous ses détails, et lorsque certains pasteurs voulurent être à la fois simples et impressifs, ils ne recueillirent que l'indifférence et les murmures. Le beau sermon de servante! il a parlé comme dans sa chambre! entendait-on parfois, puis le goût se perfectionna et la simplicité des Vaucher, des Duby, des Cellérier devint la règle générale.

L'instruction religieuse subit plus promptement d'importantes modifications : à la fin du siècle, le pasteur chargé des catéchismes était M. Martin-Rey, ami de Mouchon et de Vernes. M. Martin n'avait pas des facultés transcendantes, et ses sermons ne brillaient point par une grande éloquence, mais, pendant près de vingt années, il fit les catéchismes du temple de la Madelaine, et durant les révolutions qui bouleversèrent Genève de 1781 à 1800, ce service religieux fut constamment suivi par une foule aussi nombreuse que régulière... « Ah le catéchisme de la Madelaine! nous disait naguère un vieillard! on avait beau être en révolution, les Français eurent beau défendre les cloches en 97, toujours l'église était pleine autant de grands que de petits, il fallait entrer demi-heure à l'avance pour trouver des places; jamais les enfants ne perdaient une parole! ils comprenaient tout, ils se souvenaient de tout, après soixante ans je pourrais vous en dire des morceaux, et bien souvent les explications du catéchisme de M. Martin m'ont empêché plus tard de manquer à mon devoir. »

## VII

Si la discussion demeurant sur le terrain des idées eût continué avec ce mélange de franchise et de charité chrétienne, Rousseau était conduit jusqu'au christianisme révélé. Il se trouvait alors (1762 à 1764) à Motiers-Travers; la douceur et le tact du pasteur de Montmollin agissaient puissamment sur son esprit, son admission à la sainte Cène lui avait causé un bonheur intime qui le rendit insensible aux traits railleurs que ses anciens amis de France lui décochèrent sans pitié. Malheureusement la politique et les querelles amères, soulevées à Genève autour de l'*Emile* entre le gouvernement et la bourgeoisie, détruisirent l'œuvre des pasteurs; Rousseau ne put obtenir la réparation qu'il sollicitait touchant la flétrissure de son livre. Les lettres insultantes que des anonymes lui écrivaient exaspérèrent son esprit, la haine l'aveugla.

En 1764, nous l'avons dit, il commit la faute la plus grave qu'un homme public puisse commettre, il mit ses passions à la place de ses principes, et pour venger des injures personnelles il attaqua la patrie et l'église qu'il avait auparavant exaltées dans les plus brillantes productions de son génie[1].

Par rancune politique, le citoyen dévoué se fit pamphlétaire pour un jour, et le philosophe qui vénérait la religion traîna sa plume à la remorque de Voltaire.

Dans ses *Lettres de la montagne* il écrivit contre les miracles trois ou quatre pages indignes de son caractère, et voici sa plus saillante tirade :

« Les miracles où sont-ils? Jadis les prophètes faisaient descendre à leur voix le feu du ciel, aujourd'hui les enfants en font tout autant avec un petit morceau de verre. Josué fit arrêter le soleil, un faiseur d'almanachs va le faire éclipser. Les foires fourmillent de miracles : j'ai vu un paysan hollandais rallumer sa pipe avec son couteau, en Syrie il eût été prophète. J'ai vu quelque chose de plus fort, des académiciens et des savants qui couraient aux convulsions de l'abbé Paris et revenaient convaincus. On n'est point parvenu aux limites de l'art de guérir, qui sait, on arrivera peut-être à remettre

[1] Voir la lettre à d'Alembert sur les spectacles, la lettre aux pasteurs de Genève après l'article de l'*Encyclopédie* et la dédicace du discours sur l'inégalité entre les hommes.

un mort sur ses jambes. On a trouvé le secret de ressusciter des noyés, on parviendra à rendre la vie à des corps qu'on en avait privés. »

Rousseau, par ces misérables attaques, fit beaucoup d'impression sur les hommes charmés de trouver un esprit supérieur qui donne un aliment à leurs idées favorites, à leurs principes faciles; mais s'il compta sur la sympathie des gens sérieux, il fut rudement détrompé. Ses meilleurs amis politiques gardèrent le silence le plus glacial au sujet de ses pages contre la religion, et il dut comprendre la portée de ce silence en relisant les lettres chaleureuses écrites dix-huit mois auparavant lors de la condamnation de l'*Emile* et du *Contrat social*.

Les pasteurs remplirent leur devoir: la Compagnie, qui s'était tenue dans une réserve officielle au sujet de l'*Emile*, publia contre ses *Lettres de la montagne* un mandement dont nous transcrivons le principal paragraphe:

« Nous avons vu avec la plus vive douleur notre sainte réformation représentée sous les couleurs les plus fausses et la religion attaquée dans ses fondements avec une audace dont on a peu d'exemples. Nous ne répondrons que par un redoublement de zèle et de charité aux paroles d'un auteur pour qui rien n'est sacré dès qu'on le blesse dans ses convictions ou qu'on discute ses principes. »

Les ministres spécialement attachés à Rousseau s'unirent à leurs collègues. Vernes écrit le premier: « Vous nous avez déchiré le cœur, vous si bon, si respectueux envers le christianisme, avoir publié des pages qui réjouiront Voltaire... je crains fort que vous n'ayez détruit vous-même tout le bien que vous aviez commencé. »

Moultou, en envoyant à Rousseau le mandement des pasteurs, ajoute: « Oui, mon ami, je leur aurais prêté ma plume quand j'aurais dû la tremper dans mon sang. Il s'agissait de remplir un trop grand devoir pour qu'aucune considération humaine pût m'arrêter un seul instant!

Chapuis, l'un des hommes les plus attachés à Rousseau, lui écrit : « Je lis, page 77, *Lettres de la montagne*, les réformés de nos jours, du moins les ministres, n'aiment plus leur religion.. J'aurais bien souhaité, Monsieur, pour votre gloire, que vous eussiez supprimé ces deux ou trois pages, ou que du moins vous en eussiez sérieusement adouci les termes. »

Les brochures se multiplièrent, mais toutes celles que j'ai pu recueillir sont dictées par un esprit élevé et charitable qui ne se dément pas un seul instant. On veut essayer de convaincre Rousseau, mais on ne songe jamais à l'humilier. Il offrait pourtant de sérieux avantages à ses adversaires chrétiens.

Dix ans auparavant il avait affirmé au Consistoire qu'il admettait la Révélation contenue dans les saintes Ecritures, et dans les *Lettres de la montagne* il se borne, dit-il, à un doute respectueux sur ce sujet. Voici la seule allusion qui soit faite à ce grave incident :

« Si vous vous étiez borné, écrit le professeur Claparède, au doute respectueux touchant l'existence de la révélation, pensez-vous qu'en 1754 vous eussiez satisfait la commission du Consistoire chargée de vous réintégrer dans le sein de notre Eglise. »

La Compagnie des pasteurs de Neuchâtel s'unit à ceux de Genève, et M. de Montmollin qui avait admis Rousseau à la sainte Cène dut cesser toutes relations avec lui. Cette conduite, dictée par les principes et les circonstances, exaspéra Rousseau, il accabla d'injures les pasteurs protestants, leur reprocha de tendre la main aux catholiques de France, d'être les ennemis de la liberté de pensée.

Rousseau, dans cette déplorable période, avait décidément perdu toute espèce de sens moral. Il ne paraissait pas se douter du mal qu'il causait par son dernier écrit, et plus tard ses apologistes fervents jusqu'à l'aveuglement ont épousé sa cause sans consulter les pièces du procès ; ils ont accusé de haine et de vengeance cléricale les pasteurs suisses, sans avoir lu leurs correspondances et leurs brochures, et nul d'entre eux ne semble comprendre qu'un abîme sépare l'*Emile* des *Lettres de la montagne.*

## VIII

Néanmoins cet état violent ne pouvait durer, les rancunes soulevées dans les moments de crise perdent à la longue leur intensité, la raison et le cœur reprennent leur empire. Rousseau subit cette heureuse modification, et sa correspondance momentanément suspendue reprit une nouvelle activité avec ses amis de Genève. Il avait renoncé à la pensée de revenir dans son pays, mais son âme vivait avec les souvenirs de la terre natale, et il s'intéressait puissamment à tous les détails des affaires genevoises. On était en 1770, et la lutte contre le matérialisme de Voltaire avait pris les allures d'un combat acharné Les pasteurs, une partie des magistrats, la bourgeoisie s'opposaient de tout leur pouvoir à la diffusion du venin de Ferney. Quelques correspondances du temps feront connaître les deux faces de la société genevoise. Voici un souvenir de M. de Bonstetten :

« J'avais dix-huit ans lorsque je vins pour la première fois à Genève, tout récemment j'avais terminé mon instruction religieuse à Yverdon, et je n'avais entendu parler que très-confusément des procédés de Voltaire à l'égard des Genevois. Un soir je fus invité à souper chez une famille amie de mes parents... Quelle conversation bon Dieu ! l'athéisme le plus effronté s'étalant sans pudeur ! et les plus sanglantes plaisanteries adressées aux personnes qui croient que le devoir moral existe !

« Pourtant je dois le dire, l'existence de Dieu trouva un défenseur. Un de nos convives, qui repoussait avec beaucoup d'adresse et de vivacité les mauvais mots prononcés contre le christianisme s'écria : Eh bien, Messieurs, si jusqu'à ce jour je n'avais pas encore été témoin d'une démonstration visible et populaire de l'existence de Dieu et de la stupidité intéressée des gens qui prétendent que le monde est formé par le hasard, cette après-midi, en traversant St-Gervais, j'ai vu, de mes yeux vu cette vérité prouvée.

« Ah ! comment cela?

« Voici le fait. Des enfants jouaient aux dez : l'un d'eux amenait toujours le chiffre neuf; le dé est préparé, me dis-je, et l'examinant je découvris un grain de plomb au centre d'un des trous... il était pipé... Or Messieurs, ce monde qui accomplit ses tours et ses révolutions avec une régularité parfaite, me semble avoir été égalcment préparé ou pipé par un grand ouvrier qui avait son but en cela.

« On rit, on se moqua, la discussion devint plus ardente, et lorsque je rentrai chez moi, continue M. de Bonstetten, je tombai à genoux, je demandai à Dieu d'anéantir la funeste impression que je venais de recevoir, et je me promis bien de conserver intacte la foi telle que je l'avais apprise. »

Voici maintenant une lettre de M. Mouchon, qui présente une autre face du tableau :

« 1771. La grande majorité des Genevois flottent encore indécis entre la foi de leurs pères et l'incrédulité des philosophes; ils ont peur de Voltaire et de ses satellites. Ils conservent une secrète sympathie pour Rousseau. L'un d'eux exprimait l'autre jour avec franchise cette impression : « Je ne sais pourquoi mon cœur s'épanouit « lorsqu'on dit du bien de Jean-Jacques, et s'indigne lorsque je « vois des gens le railler pour complaire à Voltaire; mais comme « l'idée de l'un de ces personnages est toujours liée dans mon

« esprit à celle de la vertu, et l'idée de l'autre à celle de la mé-
« chanceté et du vice, je crois que de tels sentiments sont justes et
« convenables. »

« J'ajoute, continue M. Mouchon, qu'en voyant notre société si ravagée par l'incertitude et l'incrédulité en matière de religion, je fais une part bien différente aux deux génies de notre siècle. Si Voltaire ôte la foi à ceux qui doutent encore... Rousseau ramène jusqu'au doute ceux qui depuis longtemps ne croient plus à rien. L'enthousiasme et l'amour avec lesquels il parle de la Providence et du devoir donnent à ses souvenirs un charme inexprimable, un caractère de vertu qui ne s'efface jamais.... On a beau sacrifier Jean-Jacques dans les salons de Voltaire, Rousseau plane toujours chez nous sur les plus hautes régions de la pensée; on s'honore d'être son compatriote. »

Les pasteurs genevois pensaient en général comme M. Mouchon. « Il existe un abîme, disait Roustan, entre l'ami de Voltaire qui sourit et raille en répétant que la conduite de Jésus-Christ est digne d'un échappé de Bedlam, et le disciple de Rousseau qui, sans admettre les miracles, incline son front et vénère celui qui vécut et mourut comme un Dieu. »

Ces principes dirigeaient les prédicateurs : ils établissaient la religion naturelle avec les principes et souvent avec les paroles de Rousseau ; puis ils reconstruisaient sur cette base les dogmes et les faits du christianisme qui complètent la religion naturelle, et lui donnent la certitude, l'autorité infaillible nécessaire aux vérités qui régissent le sort de l'homme sur la terre et dans le ciel.

Ainsi le morceau décrivant la majesté des Ecritures fut maintes fois cité comme introduction pour prouver la divinité des Evangiles. D'autres périodes moins familières au public passèrent également dans les chaires genevoises. Ainsi M. Mouchon raconte que M. Romilly, prêchant sur la rétribution future, établit que la croyance au jugement dernier était générale avant le christianisme et que Jésus avait donné l'autorité d'un fait à ce qui n'était qu'une attente vague et confuse. M. Romilly dépeint en ces termes les idées du paganisme :

« Parcourez l'histoire de toutes les nations, parmi tant de cultes inhumains et bizarres, à travers cette prodigieuse diversité de mœurs et de caractères, vous trouverez partout les mêmes idées du juste et de l'injuste. L'ancien paganisme enfante des dieux abominables, mais le vice armé d'une autorité sacrée descendait en vain du séjour éternel, l'instinct moral le repoussait du cœur des hommes et une voix plus forte que celle des faux. dieux proclamait la rétribution finale du juste et de l'injuste, etc. »

Les connaisseurs se demandaient pourquoi M. Romilly s'était montré si supérieur à lui-même dans cette merveilleuse tirade : aux premières questions le prédicateur indiqua les pages de l'*Emile* qui contenaient ce développement.

Ces procédés aussi religieux que prudents ramenèrent un assez grand nombre de personnes dans le sein de l'Eglise réformée, et la Compagnie des pasteurs put constater que le nombre des hommes qui célébraient la sainte Cène s'augmentait sensiblement, et comme dans les églises où règne une entière liberté de conscience la présence des hommes à la communion est le symptôme extérieur le plus certain de l'état des croyances intimes, le clergé genevois put se féliciter du résultat de ses pénibles et charitables travaux.

Cette modification dans les idées des Genevois au sujet de Rousseau marchait parallèlement à une transformation significative dans les croyances religieuses du philosophe. Ses amis, désireux de changer ses idées touchant le christianisme, continuèrent leur amicale correspondance.

Ces lettres sont malheureusement très-incomplètes. La collection suivie, remise à M. Du Peyrou et conservée à Neuchâtel, s'arrête au départ de Motiers-Travers en 1767. « Gardez-moi ces papiers, dit Rousseau à son ami, je les reprendrai à mon retour. » Il ne revint pas et sa correspondance intime fut disséminée et perdue au travers de ses incessants pèlerinages en Angleterre et en France.

Toutefois il en reste assez pour établir un fait volontairement dissimulé, ou réellement ignoré par les commentateurs de Rousseau... Nous voulons parler du retour aux idées chrétiennes qui s'opéra chez le grand philosophe durant les neuf dernières années de sa vie. Voici les traits qui sont parvenus à notre connaissance :

Peu de temps avant sa mort (1767) Abauzit s'occupait de Rousseau, il avait suivi les débats précédents avec un douloureux intérêt; il chargea Moultou de lui envoyer ses derniers adieux :
« Cher philosophe! je vous ai beaucoup aimé, j'ai souffert sérieu-
« sement de tous vos malheurs. Si vous voulez retrouver le calme
« à l'avenir, croyez-en ma vieille expérience, employez à recons-
« truire votre foi les facultés que vous avez mises au service du
« doute; après avoir longtemps cherché nous bénissons nos travaux
« lorsqu'ils nous amènent à croire! »

Si l'on se rappelle le brevet d'immortalité que Rousseau décerne à Abauzit en lui adressant cet hommage: « Non! le siècle de la philosophie ne passera pas sans avoir produit un vrai philosophe! » il est impossible de croire que ces simples paroles du chrétien mourant n'aient pas sérieusement frappé le philosophe tourmenté de ses doutes.

Deux ans plus tard, en 1769, nous voyons Rousseau se dessiner plus franchement. Un jour, devant Moultou, on discutait les convictions religieuses de son malheureux ami :

« Rousseau, disait-on, n'a que des doutes dans le cœur, il est heureux de ces doutes, il jouit lorsqu'il peut par ses sophismes arracher la foi des âmes dans lesquelles elle règne encore.

« Et moi j'affirme, répondait Moultou, que vous êtes dans l'erreur. Mon malheureux ami, s'il a des doutes respectueux sur la base miraculeuse des Evangiles, croit à la nécessité, à la vérité des dogmes chrétiens, aux effets de la mission de Jésus-Christ touchant la vie à venir, la compensation des douleurs de ce monde dans l'existence céleste et la rétribution des justes et des injustes ; je me fais fort de le lui faire écrire.

« Nous serions fort curieux de lire cette profession de foi, s'écrièrent les assistants.

Moultou ajoute : « Vous savez que Jean-Jacques est l'homme des contrastes, des impressions soudaines, il faut un choc violent, inattendu, pour faire jaillir la pensée qui dort au fond de son âme. Gardez-moi le secret sur mon procédé ! je vais feindre d'être ébranlé dans mes convictions chrétiennes..... »

Il écrit dans ce sens à Rousseau et bientôt il peut montrer cette admirable lettre[1] où Rousseau développe la plus belle démonstration de l'existence de Dieu et de la vie à venir que fournissent les monuments de la langue française. La nécessité d'un fait surnaturel pour changer en certitude les probabilités de l'immortalité de l'âme se trouve impliquée dans ces paroles :

« Eh quoi, mon Dieu ! le juste infortuné en proie à tous les maux de cette vie, sans même en excepter l'opprobre et le déshonneur, n'aurait nul dédommagement à attendre après elle et mourrait en bête après avoir vécu en Dieu. Non, non, Moultou, ce Jésus, que ce siècle a méconnu parce qu'il est indigne de le connaître, Jésus qui mourut pour avoir voulu faire un peuple illustre et vertueux de ses compatriotes, Jésus ne mourut point tout entier sur la croix, et moi, qui ne suis qu'un chétif homme plein de faiblesses, c'en est assez pour qu'en sentant approcher la dissolution de mon corps, je sente en même temps la certitude de vivre. »

Une fois dans cette voie, Rousseau fait des progrès marquants

[1] Correspondance, 14 février 1769.

vers le christianisme révélé, et les huit dernières années de sa vie offrent d'étonnantes transformations. La réalité de la révélation chrétienne a frappé son intelligence. Dans les manuscrits légués par Rousseau à Moultou, et soigneusement conservés par les descendants de ce dernier, se trouve un travail allégorique sur l'origine de la vérité religieuse, travail que, selon l'opinion arrêtée de Moultou et de son fils, Rousseau destinait à remplacer la discussion sur les miracles dans une future édition de l'*Emile*. La date précise de ce traité n'est pas connue : il a été composé de 1770 à 1777. Une circonstance bizarre nous autoriserait, jusqu'à un certain point, à fixer sa rédaction vers l'année 1774. On racontait à Rousseau une de ces indignes railleries que Voltaire prodiguait à l'auteur du christianisme.

Peu de temps après la publication de l'*Emile*, lui dit-on, Voltaire discutait votre merveilleux tableau du soleil levant. « Il faut que j'en fasse l'épreuve. Moi aussi, je veux aller un matin sur le sommet de la montagne, je veux savoir si vraiment on est forcé d'adorer le Créateur au point du jour. » On fait les préparatifs nécessaires, on part de nuit et l'on arrive avant l'aube sur le col de la Faucille (Jura). Le lever du soleil est splendide.... Voltaire s'agenouille, contemple en silence et dit : « Oui, Créateur du ciel et de la terre, je vous adore devant la magnificence de vos œuvres.... » Puis, se relevant, il essuie ses genoux et s'écrie : « Mais quant à Monsieur votre fils et à Madame sa mère, je ne les connais pas ! »

Quand Rousseau entendit ces paroles, il demeura pensif et dit : « Ah, cet homme! cet homme! il me ferait prendre en haine la page de mes œuvres pour laquelle j'ai la plus grande prédilection.... » Or comme son travail sur la réalité des révélations commence précisément par une description du soleil couchant, il est probable qu'il fut composé sous l'influence exercée par les tristes expressions de Voltaire.

Mais, sans mettre une grande importance à cette supposition, étudions ces pages, les plus importantes des œuvres religieuses de Rousseau, et dont Mme Streckeisen-Moultou a bien voulu nous permettre d'offrir à nos lecteurs les plus beaux fragments.

Rousseau se reporte aux âges primitifs, lorsque l'homme commence à réfléchir sur les merveilles de la création. Il dépeint les beautés du soir, et représente un philosophe qui recherche de toutes les forces de son intelligence la cause de l'ordre, du mouvement et de la vie qui éclatent dans l'univers.

« Ce philosophe, dit Rousseau, considère avec je ne sais quel frémissement la marche lente et majestueuse de cette multitude de globes qui roulent en silence au-dessus de sa tête, et qui sans cesse lancent à travers les espaces des cieux une lumière pure et inaltérable. Ces corps, malgré les intervalles immenses qui les séparent, ont entre eux une secrète correspondance qui les fait mouvoir selon la même direction, et il observe entre le zénith et l'horizon, avec une curiosité mêlée d'inquiétude, l'étoile mystérieuse autour de laquelle vient se faire cette révolution commune.

« Quelle mécanique inconcevable a pu soumettre tous les astres à cette loi? Quelle main a pu lier entre elles toutes les parties de cet univers? Et par quelle étrange faculté de moi-même, unies au dehors par une loi commune, toutes ces parties le sont-elles encore dans ma pensée en une sorte de système que je soupçonne sans le concevoir.

« La même régularité de mouvement que je remarque dans les évolutions des corps célestes, je la retrouve sur la terre dans la succession des saisons, dans l'organisation des plantes et des animaux.

« L'explication de tous ces phénomènes ne peut se chercher que dans la matière mue et ordonnée selon certaines lois.... Mais qui peut avoir établi ces lois et comment tous les corps s'y trouvent-ils assujettis?

« Voilà ce que je ne puis comprendre.

« D'ailleurs le mouvement progressif et spontané des animaux, les sensations, le pouvoir de penser, la liberté de vouloir et d'agir que je trouve en moi-même et dans mes semblables, tout cela passe les notions de mécanique que je puis déduire des propriétés connues de la matière.

« Qu'elle en ait que je ne connais point et ne connaîtrai peut-être jamais, qu'ordonnée et organisée d'une certaine manière, elle devienne susceptible de sentiment, de réflexion et de volonté, je puis le croire sans peine, mais la règle de cette organisation, qui peut l'avoir établie? Comment peut-elle être quelque chose par elle-même, ou dans quel Architype peut-elle être connue existante?

« Si je suppose que tout est l'effet d'un arrangement fortuit, que deviendra l'idée d'ordre, et le rapport d'extension et de fin que je remarque dans toutes les parties de l'univers? J'avoue que dans la multitude des combinaisons possibles, celle qui subsiste ne peut être exclue, et qu'elle a dû même trouver sa place dans l'infinité des successions; mais ces successions mêmes n'ont pu se faire qu'à l'aide du mouvement, et voilà pour mon esprit une source de nouveaux embarras.

« Je puis concevoir qu'il règne dans l'univers une certaine mesure de mouvement qui, modifiant successivement tous les corps, soit toujours la même en quantité, mais je trouve que l'idée du mouvement n'étant qu'une abstraction, et ne pouvant se concevoir hors de la substance mue, il reste toujours à chercher quelle force a pu mouvoir la matière, et si la somme du mouvement était susceptible d'augmentation et de diminution, la difficulté deviendrait encore plus grande.

« Me voilà donc réduit à supposer la chose du monde la plus contraire à toutes nos expériences, savoir la nécessité du mouvement dans la matière. Car je trouve en toute occasion les corps indifférents par eux-mêmes au mouvement et au repos, et susceptibles également de l'un ou de l'autre, selon la force qui les pousse ou qui les retient ; tandis qu'il m'est impossible de concevoir le mouvement comme une propriété naturelle de la matière, ne fût-ce que faute d'une direction déterminée sans laquelle il n'y a point de mouvement et qui, si elle existait, entraînerait éternellement avec une force, ou du moins avec une vitesse égale, tous les corps en lignes droites et parallèles, sans que jamais le moindre atome pût en rencontrer un autre, ni se détourner un instant de la direction commune. »

Plongé dans ces rêveries et livré à mille idées confuses, qu'il ne pouvait ni abandonner, ni éclaircir, l'indiscret philosophe s'efforçait vainement de pénétrer dans les mystères de la nature. Son spectacle, qui l'avait d'abord enchanté, n'était plus pour lui qu'un sujet d'inquiétude, et la fantaisie de l'expliquer lui avait ôté tout le plaisir d'en jouir.

« Dans cette situation (continue Rousseau), las de flotter avec tant de souffrance entre le doute et l'erreur, de partager son esprit entre des systèmes sans preuves et des objections sans répliques, il était prêt de renoncer à ces pénibles méditations, quand tout à coup un rayon de lumière vient frapper son esprit et lui dévoiler les sublimes vérités qu'il n'appartient point à l'homme de connaître par lui-même, et la raison humaine ne sert qu'à confirmer sans servir à les découvrir.

« Un nouvel univers s'offrit pour ainsi dire à sa contemplation ; il aperçut la chaîne nouvelle qui unit entre eux tous les êtres, il vit une main puissante étendue sur tout ce qui existe. Le sanctuaire de la nature fut ouvert à son entendement comme il l'est aux intelligences célestes, et toutes les plus sublimes idées que nous attachons à ce mot *Dieu* se présentèrent à son esprit.

« Cette grâce fut le prix de son sincère amour pour la vérité, de la bonne foi avec laquelle il consentait à convenir de son ignorance plutôt que de consacrer ses erreurs aux yeux des autres sous le beau nom de philosophie .. A l'instant toutes les énigmes qui l'avaient si fort inquiété s'éclaircirent à son esprit : le cours des cieux, la magnificence des astres, la parure de la terre, la succession des êtres, le mystère de l'organisation, celui de la pensée, le jeu de la machine entière, tout devient pour lui possible à concevoir, comme l'ouvrage d'un Etre puissant, directeur de toutes choses.

« A ces grandes et ravissantes lumières, son âme saisie d'admiration et s'élevant pour ainsi dire au niveau de l'objet qui l'occupe, se sent pénétrée d'une émotion vive et délicieuse, une étincelle de ce feu divin qu'elle vient d'apercevoir lui donne une nouvelle vie. Transporté de respect, de reconnaissance et de zèle, il élève les yeux et les mains vers le ciel, puis il s'incline la face contre terre, son cœur et sa bouche adressent à l'Etre divin le premier et peut-être le plus pur hommage qu'il ait jamais reçu des mortels. »

Après avoir ainsi dépeint la révélation primitive de l'existence de Dieu et des mystères de la création accordée à la raison humaine, Rousseau passe en revue toutes les altérations apportées au dogme par le paganisme, il décrit les folies, les scandales des nations idolâtres, il rassemble dans le même temple les statues des faux dieux et rappelle les débauches et les crimes dont les passions humaines se souillèrent aux pieds de ces autels.

Il se réjouit un instant parce qu'un rayon de lumière a dissipé ces épaisses ténèbres. Socrate a proclamé de nouveau l'unité de Dieu, la vie à venir; mais il a lui-même compromis son œuvre en sacrifiant aux fausses divinités. Frappé de tout ce qu'il vient de voir, le philosophe réfléchit profondément à ces terribles scènes et se demande où donc est la vérité ?

« Quand tout à coup une voix se fait entendre dans les airs, prononçant distinctement ces mots : « C'est ici le fils de l'homme !

que les cieux se taisent et que la terre écoute sa voix.» Alors levant les yeux, il aperçut sur l'autel dans le temple de l'humanité, un être dont l'aspect imposant et doux le frappa d'étonnement et de respect. Son vêtement était semblable à celui d'un artisan, mais son regard était céleste, il y avait chez lui je ne sais quoi de sublime où la simplicité s'alliait avec la grandeur, et l'on ne pouvait l'envisager sans se sentir pénétré d'une émotion vive et délicieuse qui n'avait sa source dans aucun sentiment connu des hommes... « O mes enfants, dit-il, je viens expier et guérir vos erreurs, aimez Celui qui vous aime et connaissez Celui qui est. » A l'instant saisissant les statues des fausses divinités il les renverse sans efforts. Puis il prêche sa morale divine, les vendeurs du temple sont irrités jusqu'à la fureur. Mais l'homme populaire et ferme entraîne tout, tout annonce une révolution. Il n'avait qu'un mot à dire et ses ennemis n'étaient plus. Mais celui qui venait détruire la sanguinaire intolérance n'avait garde de l'imiter, et le peuple dont toutes les passions sont des fureurs, négligea de le défendre en voyant qu'il ne voulait point attaquer.

« Après le témoignage de force et d'intrépidité qu'il venait de donner, il reprit ses discours avec la même douceur qu'auparavant, il peignit l'amour des hommes et toutes les vertus avec des traits si touchants et des couleurs si aimables qu'hors les officiers du temple, ennemis par état de toute humanité, nul ne l'écoutait sans être attendri et sans en mieux aimer ses devoirs et le bonheur d'autrui, son parler était simple et doux, et pourtant profond et sublime, sans étonner l'oreille il remplissait l'âme, c'était du lait pour les enfants et du pain pour les hommes, il animait le fort et consolait le faible, et les génies les moins proportionnés entre eux le trouvaient tous également à leur portée; il ne haranguait point d'un ton pompeux et soutenu, mais ses discours familiers brillaient de la plus ravissante éloquence, ses instructions étaient des fables et des apologues pleins de profondeur. Rien ne l'embarrassait, les questions les plus captieuses avaient à l'instant des solutions dictées par la sagesse, il ne fallait que l'entendre une fois pour être persuadé. On sentait que le langage de la vérité ne lui coûtait rien, parce qu'il en avait la source en lui-même. »

Les pages précédentes renferment les idées concernant le christianisme qui prenaient place dans l'esprit du philosophe genevois. Voici maintenant les sentiments qui préoccupaient son cœur et sa conscience, ces fragments font partie des manuscrits inachevés, trouvés par M. Moultou dans la table de travail après la mort de Rousseau. Ce sont des lettres sur la vertu et le bonheur.

« C'est un des plus grands priviléges pour nous que de pouvoir nous élever aux plus hautes régions intellectuelles, de cultiver les notions sublimes de l'ordre, de la sagesse et de la bonté morale, d'élever ainsi notre âme au-dessus des faiblesses de la nature, et de pouvoir, à force de combattre, vaincre nos passions, dominer l'homme naturel, et imiter la divinité même. Ce commerce continuel avec les intelligences nous soutient quand nous ne pouvons plus nous soutenir nous-mêmes, nous éclaire, et met en notre possession des biens d'un prix inestimable qui nous font mépriser ceux que nous n'avons plus, ce commerce avec les choses élevées me fait estimer à son juste prix ma conduite d'autrefois; je la blâme quoique souvent bonne en apparence, et je l'approuve quelquefois quoique condamnée des hommes.

« A mesure que j'avance vers le terme de ma carrière, je sens affaiblir les mouvements qui m'ont si longtemps soumis à l'empire des passions. Après avoir épuisé tout ce que peut éprouver de bien et de mal un être sensible, mon existence n'est plus que dans ma mémoire, je ne vis plus que de ma vie passée, mes erreurs se corrigent, le bien et le mal se font sentir sans mélange et sans préjugé; tous les faux jugements que les passions m'ont fait faire s'évanouissent avec elles. Je vois les objets qui m'ont affecté non tels qu'ils m'ont paru dans mon délire, mais tels qu'ils sont réellement; le souvenir de mes actions bonnes ou mauvaises me fait un bien-être ou un mal-être durable et plus réel que celui qui en fut l'objet.... Aussi les plaisirs d'un moment m'ont souvent préparé de longs repentirs.... Aussi les sacrifices faits à l'honnêteté et à la justice me dédommagent tous les jours de ce qu'ils m'ont une fois coûté, et pour de courtes privations me donnent d'éternelles jouissances. »

## IX

Telle est la dernière phase des croyances religieuses et morales de Rousseau; tels sont les principes qui dirigèrent son âme lorsque ses hallucinations et ses idées fixes lui laissaient quelques journées paisibles. Ces pages sont un phénomène remarquable dans l'histoire de l'esprit humain. En général le chant du cygne est une fiction, et les productions de la vieillesse d'un écrivain de génie devraient être reléguées dans les papiers secrets de sa famille. Toutefois, de nobles exceptions se rencontrent, et l'on voit des vieillards soutenus par d'énergiques convictions formuler des pensées pleines de fraîcheur avec une main qui peut à peine tracer des caractères lisibles. Rousseau nous offre un étonnant exemple de ce rajeunissement intellectuel, car les dernières pages tombées de sa plume sont égales ou supérieures aux écrits de son âge mûr.

A quoi devons-nous attribuer cette régénération de la pensée chez l'écrivain usé, miné par des souffrances morales imaginaires et des douleurs physiques incessantes!.... Et si nous ne comparons plus

Rousseau à lui-même, si, franchissant un espace de vingt siècles, nous analysons les dernières paroles de Socrate ou de Platon, et les dernières expressions de Rousseau, l'avantage ne demeure-t-il pas au philosophe de Genève?...

Est-ce à dire que nous regardions le génie de Rousseau comme plus éminent que celui de Socrate? Loin de nous l'idée d'une comparaison semblable! Mais une similitude empruntée aux choses qui se voient fera comprendre la cause de la supériorité de l'homme du dix-huitième siècle : Lorsque par un beau clair de lune nous examinons les Alpes, nous en apercevons les contours confusément et comme au travers d'un verre obscur, puis le lendemain, dans l'après-midi, les masses imposantes, les lignes gracieuses, les cimes élancées apparaissent dans leur poétique réalité.... Entre le soir et le lendemain qu'est-il advenu? le soleil s'est levé... De même entre le philosophe d'Athènes et le philosophe de Genève, il s'est levé le soleil de justice portant la vérité dans ses rayons.... Telle est la source lumineuse qui produisit au soir de la carrière de Rousseau cet admirable développement que nous sommes heureux de faire connaître aux amis de la vérité.

---

# CHAPITRE IV

**Rousseau et ses amis de Genève.**

Si les querelles politiques et religieuses éloignèrent de Rousseau les hommes attachés aux partis extrêmes qui divisaient Genève, d'autre part un grand nombre de citoyens distingués lui vouèrent une affection inaltérable : ils supportèrent toutes les bizarreries du philosophe, et chaque fois que la vision de l'ennemi le tourmentait, ils adoucissaient cette pénible crise par un redoublement de prévenances. Leurs efforts furent souvent couronnés de succès ; mais parfois Rousseau demeura ferme dans ses rancunes, et les réconciliations furent impossibles, parce que l'offensé reprochait des torts imaginaires et n'acceptait aucune excuse. Le docteur Tronchin fut l'objet de ces tristes hallucinations.

Tronchin, dont la science et le noble caractère jetèrent le plus grand lustre sur son pays durant le 18e siècle, aimait tendrement Rousseau, et déployait toutes les ressources de son talent pour soulager les infirmités du malheureux philosophe. Rousseau, de son côté, vénérait Tronchin et lui accordait une confiance sans bornes. Voici quelques fragments de leur correspondance qui introduiront nos lecteurs dans les secrets de leur intimité [1].

La partie la plus piquante de ces lettres concerne Voltaire.

Nous sommes en 1756, le désastre de Lisbonne frappe de consternation le monde entier; Voltaire affecte une profonde tristesse au sujet de cette catastrophe, je dis affecte, car les lettres de condoléance qu'il envoie à ses correspondants titrés sont des missives de parade, et l'on ne peut croire à la réalité de la sympathie d'un homme capable d'écrire le billet suivant à M. le pasteur Vernes :

« Monsieur! on dit que vous avez fait sur l'événement un si beau sermon, qu'il serait en vérité fâcheux que Lisbonne n'eût pas été détruite, car on aurait été privé d'un magnifique discours. »

Bientôt Voltaire épanche son indignation contre la Providence, il compose un poëme intitulé : *La religion naturelle*, où il rend le Créateur responsable de tous les maux que souffrent les hommes.

Rousseau, comme on le sait, répondit par une longue lettre à Voltaire et réfuta ses dangereuses tendances.

Voici maintenant les incidents intimes qui concernent ces deux publications. Ils sont absolument inédits.

A peine le poëme de Voltaire a-t-il paru, qu'un ami de Rousseau, le ministre Roustan, le lui envoie avec ces deux mots :

« Vos lettres, cher philosophe, sont lues et dévorées par tous nos concitoyens, laisserez-vous passer sans mot dire ces tristes choses? Je vous signale surtout ce passage :

« Quand la mort met le comble aux maux que j'ai soufferts.

[1] Collection du colonel Tronchin. Lettres du docteur Tronchin à Rousseau (Bibliothèque de Neuchâtel). Correspondance médicale du docteur Tronchin.

« Le beau soulagement d'être mangé des vers,
« Tristes calculateurs des misères humaines
« Ne me consolez point, vous aigrissez mes peines
« Et je ne vois en vous que l'effort impuissant
« D'un fier infortuné qui feint d'être content. »

La réponse ne se fit pas attendre. Rousseau compose un mémoire où il démontre à Voltaire qu'il est odieux de rendre l'Etre Suprême responsable des misères que les hommes s'attirent par leurs imprudences et leurs vices. Ce traité écrit, Rousseau l'envoie à Tronchin avec la lettre suivante :

« Montmorency, 18 août 1756.

« Voici, mon respecté concitoyen, une longue kyrielle à lire pour un homme aussi utilement occupé que vous, mais j'ai droit à vos bienfaits ainsi que le reste des hommes, et j'ai la même confiance en vos bons offices que le reste de l'Europe en vos ordonnances.

« Voyez donc, je vous supplie, s'il n'y a point peut-être trop d'indiscrétion dans le zèle qui m'a dicté cette lettre. Si je suis moins fondé que je n'ai cru l'être, ou que M. de Voltaire soit moins philosophe que je ne le suppose, supprimez la lettre et renvoyez-la-moi, sans la montrer.

« S'il peut supporter ma franchise, cachetez ma lettre, et la lui donnez en ajoutant tout ce que vous croirez propre à lui persuader que jamais l'intention de l'offenser n'entra dans mon cœur.

« Il serait peut-être à désirer pour le public et surtout pour lui-même qu'il eût reçu quelquefois de ses amis des représentations pareilles, elles eussent servi dans l'occasion de préservatif. M. de Voltaire ne comprendra-t-il jamais qu'avec quelques ouvrages de moins, il n'en aurait pas moins de gloire et serait beaucoup mieux respecté. »

Il s'agissait de faire accepter cette lettre. La commission était délicate. Le mémoire de Rousseau est fort éloquent lorsqu'il prouve que les malheurs immérités dans ce monde trouvent leur explication par le dogme de l'immortalité de l'âme.

« Non ! s'écrie-t-il, j'ai trop souffert en cette vie pour n'en pas attendre une autre ! Toutes les subtilités de la métaphysique ne me feront pas douter un instant de l'immortalité de l'âme et d'une providence bienfaisante, je la sens, je la crois, je la veux, je la défendrai jusqu'à mon dernier soupir, et ce sera de toutes les disputes que j'ai soutenues la seule où mon intérêt ne sera pas oublié. »

Rien, dans ces lignes, ne pouvait offenser Voltaire ; mais la suite se trouvait d'une autre nature.

« Il y a, M. de Voltaire, une bien singulière opposition entre vous et moi..... Rassasié de gloire, vous vivez libre au sein de l'abondance. Bien sûr de votre immortalité, vous philosophez paisiblement sur la nature de l'âme, si le cœur ou le corps souffre vous avez Tronchin pour médecin et pour ami..... et vous ne trouvez pourtant que mal sur la terre ; tandis que moi, homme obscur et pauvre, je médite avec plaisir dans ma retraite et je trouve que tout va bien. »

Le docteur Tronchin n'avait pas une opinion favorable touchant le succès de la lettre de Rousseau, aussi lui écrit-il en date du 1er septembre 1756 :

« J'ai reçu, mon respectable ami, vos lettres avec l'empressement qui précède et qui suit tout ce qui vient de vous, et avec le plaisir qui accompagne tout ce qui est bien. Je voudrais pouvoir vous répondre du même effet sur notre *ami*, mais que peut-on attendre d'un homme qui est presque toujours en contradiction avec lui-même, et dont le cœur a toujours été dupe de l'esprit. Son sens moral a été dès son enfance si peu naturel et si altéré, que son état actuel forme un tout artificiel qui ne ressemble à rien. De tous les hommes qui coexistent, celui qu'il connaît le moins, c'est lui-même ; tous les rapports de lui aux autres hommes, et des autres hommes à lui sont dérangés. Il a voulu plus de bonheur qu'il n'en pouvait prétendre; l'excès de ses prétentions l'a conduit insensiblement à une espèce d'injustice que les lois ne condamnent pas, mais que la raison désapprouve. Il n'a pas enlevé le blé de son voisin, il n'a pas pris son bœuf ou sa vache, mais il a fait d'autres rapines pour se donner une réputation que l'homme sage méprise, parce qu'elle est toujours trop chère. Les louanges et les cajoleries de ses admirateurs ont achevé ce que ses prétentions immodérées ont commencé, et croyant en être le maître, il est devenu l'esclave de ses flatteurs. Son bonheur a dépendu d'eux, et ce fondement trompeur y a laissé des vides immenses, il s'est accoutumé aux louanges, et à quoi ne s'accoutume-t-on pas. La vanité compte pour rien ce qu'elle s'approprie, et pour trop ce qu'on lui refuse... Puis il se plaint de la Providence quand il ne devrait être mécontent que de lui-même..... Que les hommes sont injustes! mon cher Rousseau, et qu'ils sont à plaindre! après tous les changements arrivés à notre état naturel, le bonheur n'est plus pour eux.... et c'est Dieu qui a tort s'ils sont mécontents.

« A juger du futur par le passé, notre ami se roidira contre vos raisons. Lorsqu'il eut fait son poëme (*la Pucelle d'Orléans)*, je le conjurai de le brûler. Je partis pour Paris, nos amis communs se réunirent pour obtenir la même grâce. Tout ce qu'on put gagner sur lui fut de l'adoucir. Vous verrez la différence en comparant le second poëme au premier..... »

Tronchin ne se trompait pas dans ses conjectures, il interrompt sa lettre pour communiquer le mémoire de Rousseau à Voltaire, puis il lui mande : «...Notre ami Gauffecourt a été témoin de la scène, lorsqu'il lut votre belle lettre. Si elle ne produit aucun effet, c'est qu'à soixante ans on ne guérit guère des maux qui commencent à dix-huit... On l'a gâté et on en gâtera bien d'autres. Plaignons-

5*

le et conservons-nous toujours dans la même amitié qui fait une des plus grandes douceurs de ma vie. TRONCHIN. »

L'introduction du théâtre à Genève causait une vive peine à Tronchin ; aussi fut-il enchanté de la lettre de Rousseau à d'Alembert au sujet des spectacles. Mais l'esprit positif du docteur ne put admettre les idées poétiques de Jean-Jacques, touchant la possibilité d'établir les mœurs lacédémoniennes dans la république protestante. Puis, quoique fort sensible aux éloges que le philosophe prodigue à son pays, il veut le ramener à la froide réalité et lui écrit en ces termes :

« Genève, 13 novembre 1758.

« J'ai été bien sensible, mon cher Monsieur, à la marque de souvenir que vous m'avez donnée, je ne dis pas que vous me la deviez, je dois beaucoup et on ne me doit rien ; mais je m'imagine que si mes sentiments pour vous méritent quelque retour, vous êtes trop juste pour le leur refuser.

« J'ai lu votre lettre sur les spectacles avec d'autant plus de plaisir que j'ai toujours pensé comme vous sur la nature et les effets de la comédie. Si sur cet article je ne me suis pas expliqué comme vous, c'est que sur aucun article je ne puis m'exprimer comme vous, bien que sur presque tous je voudrais m'exprimer de même. Je dis sur presque tous, parce que, menant dans ma patrie la vie la plus retirée, sans sortir de mon confessionnal, je la connais mieux que personne.

« Cette patrie, mon bon ami, n'est pas ce que vous vous imaginez. Par un effet de cette loi générale qui fait que tout dégénère, les amusements publics, ces cercles dont l'institution paraît si bonne, sont souvent une source de distraction, de perte de temps et de dissipation qui passent les bornes honnêtes d'un amusement nécessaire, et qui nuisent sensiblement à l'éducation domestique. En effet, par la multiplication des cercles et des amusements publics les pères se trouvent séparés de leurs enfants. Ce sont les mères qui me l'ont dit et qui me le répètent tous les jours. Les enfants séparés de leurs pères n'ont plus de frein, car à quoi se réduit la puissance maternelle? Les mères ont aussi leurs amusements et leurs cercles; qu'en résulte-t-il? que les enfants laissés à eux-mêmes pendant les heures qui devraient être destinées à l'éducation domestique, encouragés par l'exemple de leurs pères qui boivent et fument depuis quatre heures jusqu'à huit heures, et quelquefois plus tard, se livrent à toutes leurs passions naissantes, et couvrent de l'ombre de la nuit les habitudes déréglées, souvent même criminelles que les pères seuls peuvent réprimer. De là naît ce goût pour l'indépendance et cette licence que vous ne voyez pas, mon bon ami, et dont il paraît que vous n'avez pas même l'idée. Oh que vous changeriez de ton! si vous voyiez tout ce que j'y vois, et si de sages pasteurs vous disaient, comme ils me le disent chaque jour, que les mœurs de notre peuple dépérissent à vue d'œil... Genève ne ressemble pas plus à Sparte que les gantelets d'un athlète ne ressemblent aux gants blancs d'une fille de l'opéra. — Je ne suis d'aucun parti, je n'y mets aucune passion, je suis avec mes enfants, tandis qu'on joue, qu'on boit et qu'on fume aux cercles, parce que je crois que le bon exemple vaut mieux que toutes les leçons. Mes enfants n'auront point de cercle, je vous en réponds, mais ils craindront Dieu et ils m'aimeront. Je vous embrasse, mon cher Monsieur; la liberté avec laquelle je vous parle vaut mieux que les compliments que d'autres vous font.

TRONCHIN.

Rousseau (Correspondance générale, 1758) répond sur le même ton :

« Je déplore avec vous ces abus, mon excellent ami; tant pis si les enfants restent abandonnés à eux-mêmes! Mais pourquoi le sont-ils? Ce n'est pas la faute des cercles, au contraire; car c'est là qu'ils doivent être élevés; les filles par les mères, les garçons par les pères. Voilà précisément l'éducation moyenne qui nous convient, entre l'éducation publique des républiques grecques et l'éducation domestique des monarchies où tous les sujets doivent rester isolés et n'avoir rien de commun que l'obéissance. »

Il survient bientôt quelques malentendus entre les deux amis. Rousseau s'imagine que Tronchin lui fait un crime d'avoir trop loué son pays, il prend pour des railleries les sollicitations qu'on lui adresse afin qu'il revienne s'y fixer, et sous l'empire de sa défiance maladive il trace ces mots qui jettent un singulier jour sur les difficultés dont les relations intimes avec le philosophe étaient parsemées.

« 28 avril 1759.

« Vous me demandez comment il peut se faire que l'ami de l'humanité ne le soit presque plus des hommes. Vous m'accusez d'avoir pour eux de l'indifférence, et vous appelez cela vous servir du terme le plus doux. Monsieur, pour vous répondre il faut que je vous demande à mon tour sur quoi vous me jugez. Votre manière de procéder avec moi ne ressemble pas mal à celle dont on use dans l'interrogatoire des infortunés qu'on livre à l'inquisition. Si j'ai des délateurs secrets, dites-moi qui ils sont, de quoi ils m'accusent? alors je pourrai répondre. En attendant, de quoi m'accuserais-je moi-même. Si depuis ma naissance j'ai fait le moindre mal à qui que ce soit au monde, que ce mal retombe sur ma tête. Si je refuse à quelqu'un quelque bien que je puisse faire, quelque service que je puisse rendre sans nuire à autrui, que j'éprouve à mon tour le même refus dans le même besoin!! Plaise à Dieu que la terre se couvre d'ennemis des hommes, qui puissent chacun pour soi faire d'aussi bon cœur la même imprécation! Encore une fois, sur quoi me jugez-vous? si ce n'est sur mes actions. Quelques Mémoires que vous puissiez avoir, il me paraît toujours fort étrange que vous me condamniez sans m'avoir entendu. Si c'est sur mes écrits, cela me paraît encore plus étrange, et je suis bien sûr que le public ne me juge pas si sévèrement que vous, et j'ai tous les jours occasion de croire que les hommes en général et surtout les malheureux ne me regardent pas comme leur ennemi.

« Je vous félicite de tout mon cœur de votre santé, de votre bien-être, de vos amis. Si je n'ai rien de tout cela, c'est un malheur et non pas un crime : tel que je suis, je ne me plains ni de mon malheur, ni de mon séjour. Je suis l'ami du genre humain, et l'on trouve partout des hommes. L'ami de la vérité trouve aussi partout des malveillants, et je n'ai pas besoin d'en aller chercher si loin. Si j'ai bien voulu, devant le public, rendre honneur à ma patrie, je ne prévoyais que trop que ce qui était vrai ne le serait pas longtemps. Je m'efforçais de retarder ce triste progrès par des considérations utiles ; mais tant de causes l'ont accéléré, que le mal est désormais sans remède. — Loin d'aller être témoin de la décadence de nos mœurs, que ne puis-je fuir au loin pour ne pas l'apprendre. J'aime mieux vivre parmi les Français que d'en aller chercher à Genève. Dans un pays où les beaux esprits sont si fêtés, Jean-Jacques Rousseau ne le serait guère, et quand il le serait, il n'aurait guère à s'en glorifier.

« O respectable Tronchin ! restons tous deux où nous sommes ! Vous pouvez encore honorer votre patrie ; pour moi, il ne me reste plus qu'à la pleurer. Adieu, je vous embrasse de tout mon cœur.

« ROUSSEAU. »

Voltaire témoignait toujours un vif désir de connaître l'opinion de son illustre collègue au sujet de sa conduite envers les Genevois, et Tronchin, voulant lui montrer que Rousseau continuait à blâmer l'introduction des travers du siècle dans sa ville natale, lui communiqua cette lettre. Voltaire se mit en fureur en voyant les phrases à son adresse, et il écrivit de sa plus grosse écriture au-dessous de la signature de Rousseau :

« L'extrême insolence est une extrême sottise, et rien n'est plus sot à un Jean-Jacques que de dire le genre humain et moi. »

Tronchin aimait trop Rousseau pour prendre au sérieux ces tristes pages, il voulut calmer l'imagination et la susceptibilité de son bizarre correspondant et lui écrivit le 7 mai 1759 :

« Je ne me rappelle pas mot pour mot, mon cher ami, ce que je vous disais dans ma dernière lettre, mais je suis bien sûr de ne vous avoir rien dit de malhonnête ou de dur. L'esprit qui l'a dictée est le même qui dicte celle-ci ; j'espère qu'il sera toujours le même, tant que je me porterai bien, car qui sait mieux que moi que l'esprit dépend de l'état du corps souvent sans qu'il s'en aperçoive. J'en ai fait quelquefois l'expérience en moi-même, et mon état m'a mis à même de la faire très-promptement dans les autres ; je la fais avec vous, mon bon ami, quand vous me dites : « que ma manière de procéder ne ressemble pas mal à celle dont on use dans l'interrogatoire des infortunés qu'on défère à l'inquisition. » Quand vous me parlez de délateurs secrets qui vous accusent, et des Mémoires sur lesquels je vous juge sans vous entendre.... Moi qui ne vous ai jamais rien dit, qui n'ai jamais rien pensé que d'honnête et de tendre à votre égard, moi qui n'ai jamais ouï de délateurs secrets ni vu de Mémoires à votre charge, moi qui voudrais adoucir vos maux, et partager avec vous l'innocence et la douceur de ma vie... Moi qui ai fait tout ce qui était dans mon pouvoir, et qui suis prêt de le faire encore pour vous attirer dans votre patrie, et pour y passer des jours calmes et sereins ! Moi enfin, qui ne fais cas que de la vertu et des hommes vertueux. O mon cher ami ! vous avez blessé mon âme, et mon âme n'avait pas mérité la plus petite plaie. Mais que dis-je ! la plaie que vous lui avez faite n'est qu'une preuve de sa faiblesse, vous n'êtes pas coupable, mais je suis trop sensible, et je ne devrais pas l'être, parce que je me porte bien et que je n'ai rien à me reprocher. Si vous vous portiez aussi bien, mon cher ami, l'encre dont vous vous servez serait moins noire, les malveillants que vous supposez disparaîtraient, vous ne vous reprocheriez point les éloges que vous donnez à votre patrie, vous n'imagineriez point qu'elle n'en est pas digne, vous ne vous feriez pas une si triste idée de l'état de ses mœurs, vous n'aimeriez pas mieux vivre parmi les Français qu'avec vos concitoyens. Vous sauriez qu'ils préfèrent encore un homme vertueux à tous les beaux esprits du monde, et vous vous diriez à vous-même que je ne suis point fait pour honorer votre patrie, et qu'elle n'est pas faite pour que vous la pleuriez. Les citoyens qu'elle renferme dans son sein ne sont pas des hommes parfaits, mais où en trouve-t-on? Vous et moi le sommes-nous, mon bon ami, et pouvons-nous espérer de l'être? Une fièvre tierce mal guérie, le plus petit dérangement de l'organe qui sert à la sécrétion de la bile, la plus légère altération de notre cerveau, ne peut-elle pas ébranler tout l'édifice de notre sagesse et nous rendre en un instant plus petits et plus faibles que ceux dont nous plaignons la petitesse et la faiblesse. La plus profonde humilité est le seul état qui convient à l'homme; les héros sont des fous ou des forcenés, les philosophes extravaguent, les beaux esprits me font pitié. Il n'y a d'homme respectable que celui qui se sent pénétré de sa petitesse et de la grandeur de Dieu. Tâchons de l'être, mon bon ami, et conduisons-nous de façon que nous puissions attendre la mort sans la désirer ni la craindre.

« TRONCHIN. »

Cette lettre, à ce qu'il paraît, mécontenta beaucoup Rousseau; il écrivit de nouveau à Tronchin sous l'empire de ses hallucinations habituelles. Tronchin, trouvant probablement que la dose des aberrations était trop forte, lui répond, 6 juin 1759 :

« Vous voulez donc absolument que je m'explique, mon cher

Monsieur ; puisque vous le voulez je m'expliquerai, vous que j'aime, vous qui étiez fait pour aimer, pour être aimé, vous vous êtes insensiblement détaché de tous vos amis, et, dites-vous, « de celui même « que vous regretterez sans cesse, et qui manque bien plus à votre « cœur qu'à vos écrits ; c'était votre Aristarque, il était sévère et « judicieux, vous ne l'avez plus, vous n'en voulez plus.... » Ai-je besoin d'un autre argument pour vous prouver que je n'ai pas tort ? Mais cet ami, me répondrez-vous, avait des défauts. Je vous demanderai à mon tour s'il en est un parfait dans ce monde ?.... si vous, qui vous en plaignez, croyez l'être ? si moi, qui vous écris, le suis ou le serai ? Oh ! mon ami, il n'y a qu'un Être parfait, et tous les autres ont des défauts absolus et relatifs... Encore si vous aviez pu remplir le vide qu'il a fait dans votre cœur ! mais je sais que vous ne l'avez pas rempli, et puisque vous ne le voulez pas, vous ne le remplirez jamais. Vous le regrettez pourtant, c'est vous qui le dites : si vous le jugiez indigne de votre amitié, le diriez-vous ?

« Vous me dites encore « que vous aimez mieux vivre parmi des « Français que d'en venir chercher à Genève.... » Ce sont vos expressions ; que voulez-vous que j'en pense ? moi qui vous ai dit que j'ai le bonheur d'y vivre avec des hommes vertueux et tels qu'on n'en voit nulle part de meilleurs ; je ne vous ai pas dit, il est vrai, qu'ils fussent parfaits ; et comment le seraient-ils, ils ne peuvent pas l'être : ils sont nés petits et faibles, ils mourront faibles et petits. Cette patrie où je vis avec eux paraît à vos yeux si peu estimable, que, loin de vous en rapprocher, vous voudriez fuir plus loin encore pour en être plus éloigné. Ne vous restait-il qu'à la pleurer, mon bon ami, lorsqu'en parlant d'un pays voisin vous ne pûtes vous empêcher de dire : « Hélas ! il est sur la route du mien ! » Cette seule ligne valait une ode à la louange de Genève, et il n'y a qu'un an que vous pensiez ainsi ! Qu'est-il arrivé depuis ce temps-là ? Je n'en suis pas sorti, et je pense que je ne me fais aucune illusion, votre patrie est cette année ce qu'elle était l'an dernier, et si elle n'a rien gagné, au moins n'a-t-elle rien perdu. Aujourd'hui comme alors les citoyens les plus distingués sont ceux qui méritent le mieux de l'être; la vertu y jouit de tous ses avantages, la voix du peuple est celle de Dieu, du moins l'est-elle plus qu'ailleurs. Un magistrat sage, un clergé qui l'est aussi, une académie qui ne néglige rien de ce qui peut servir à l'éducation, un tribunal de mœurs qui veille à tout ce qui peut les maintenir, une police enfin aussi exacte qu'elle peut l'être, fait que nous plaignons ceux qui vivent à Montmorency, où, faute de tout ce que nous avons ici, un citoyen peut craindre un autre citoyen, et manquer tout à la fois dans le besoin et de la protection des lois, et de la défense de soi-même.

« Si mon style vous paraît dur, ou si les choses que je vous dis le sont, je vous dirai, mon cher ami, ce que les quakers disaient au roi Jacques : « Accorde-nous la liberté que tu prends pour toi-même. » Et je n'en serai pas moins votre véritable ami.

« TRONCHIN. »

Cette lettre trouva Rousseau dans une disposition d'esprit très-favorable; sa réponse le témoigne.

« Montmorency, le 25 juin 1759.

« Mon respectable ami! Tout ce que vous me dites en faveur de mes concitoyens a réjoui mon cœur! combien j'ai déplaisir de m'être trompé, et avec quelle joie je me reproche mon injustice. Mais, Monsieur, ce n'est pas assez pour en jouir; vous ne voudriez pas que je vous crusse un des moins bien disposés pour moi. Or, à en juger des autres par vous, ou de vos sentiments par vos lettres, je ne vois pas que j'en doive attendre de personne de fort obligeants dans ma patrie. Je ne dis pas que j'aie mérité mieux. Je dis seulement que cette sévérité, quoique juste, me serait trop dure à supporter : Si tel est mon sort que j'aie toujours trouvé de l'indifférence et de la haine, je la supporterai plus aisément des étrangers que de mes concitoyens. J'avoue même que je trouve ici plus d'indulgence que je n'en mérite : je n'ai pas lieu d'en espérer autant à Genève. A tout prendre, je trouverai mieux mon compte à être jugé par ceux qui ont vu ma conduite, et il n'en coûte point à un honnête homme de mourir où il a vécu.

« Adieu, Monsieur, je vous embrasse de tout mon cœur. Le mot des quakers au roi Jacques est fort bon et m'ira du moins aussi bien qu'à vous, car c'est, ce me semble, ce que vous me donnez le droit de vous dire quand vous trouvez mauvais que je me défende des torts que vous m'imputez injustement. »

Dès lors la correspondance philosophique cessa entre Tronchin et Rousseau. Le médecin continua à donner tous ses soins à la santé de son malheureux ami; mais, en 1762, Jean-Jacques ne put pardonner au docteur de partager les sentiments de son frère, le procureur général J.-Robert Tronchin, au sujet de l'*Emile*, il conçut une haine violente et se répandit en injures contre l'homme qui avait les droits les plus sérieux à son estime et à sa reconnaissance. D'autres personnes eurent une meilleure chance avec Rousseau, mais, sauf quelques rares exceptions, on peut dire que l'intermittence et la brièveté des relations préservèrent les amis de l'ombrageux philosophe de ces chocs inattendus qui brisaient ses plus solides attachements.

L'un des Genevois dont l'amitié demeura jusqu'à la fin chère à Rousseau, fut Pierre Prevost, professeur de philosophie.

Pierre Prevost, dont le caractère et les œuvres ont illustré notre académie, consacra sa jeunesse à étudier le mouvement des idées en Ecosse et en France. Malgré les entraînements de l'esprit français, il préféra le spiritualisme de Reed et de Dugald Stewart au sensualisme de Condillac, et il rendit un grand service à son pays en inculquant à la jeunesse genevoise les tendances élevées et pures de la philosophie écossaise au milieu du matérialisme pratique de la révolution et de l'empire.

Prevost, se trouvant à Paris, se lia intimement avec Jean-Jacques. Malgré la différence d'âge, le vieux philosophe lui accorda toute sa confiance, et maintes fois lui exprima ses regrets des violences auxquelles il s'était livré contre ses adversaires durant les troubles politiques de Genève.

Pierre Prevost défendait chaleureusement Jean-Jacques : lorsqu'on blâmait sans pitié les travers de sa conduite, il présentait l'indulgence comme un devoir vis-à-vis d'un homme atteint d'une maladie morale incurable.

Si l'on raillait l'amour-propre de Rousseau et si l'on stigmatisait son orgueil, Prevost demandait qu'on lui citât les noms des hommes de génie qui furent à l'abri de l'orgueil ou du ressentiment lorsque leurs adversaires les attaquèrent sans pitié ni justice. Il s'indignait en entendant des hommes juger Rousseau sans tenir compte de ses talents et de ses malheurs, et pour montrer combien le philosophe acceptait volontiers la critique lorsqu'il était sûr de la bienveillance de ses appréciateurs, il citait plusieurs modifications importantes que Jean-Jacques avait volontiers admises d'après ses conseils. — « Quant à cet orgueil incurable qui porte l'écrivain à considérer ses œuvres comme parfaites, croyez-moi, disait M. Prevost, Rousseau ne cède point à ses influences; en voici la preuve : Un jour j'entre chez lui à l'improviste, je le trouve assis devant son feu, la figure bouleversée, lacérant un manuscrit, dont les flammes dévoraient déjà les premières pages... Je les saisis précipitamment.

« Eh! mais, M. Rousseau, que faites-vous là?.. Vous détruisez peut-être un chef-d'œuvre.

— « Non, non ! cela ne vaut rien ; ce travail fera mon malheur... au feu.

— « Non pas au feu, et si vous ne voulez pas le publier, au moins donnez-moi ces feuilles, je les conserverai en souvenir de vous.

— Eh bien, prenez-les, mon ami, je vous aime assez pour vous les confier... »

C'était le dictionnaire de musique, dont les admirateurs de Jean-Jacques eussent été privés si M. Prevost eût retardé sa visite de quelques minutes.

Les Genevois que Rousseau fréquentait à Paris étaient MM. Vernet, Necker, Lenieps et Coindet, il faisait souvent violence à son goût de solitude pour passer sa journée avec eux ; mais lorsqu'un auteur français sollicitait la faveur d'être admis dans ce petit cercle, Rousseau trouvait le moyen de s'absenter; l'abbé Morellet seul était reçu avec plaisir.

Les terreurs imaginaires de l'infortuné philosophe interrompaient souvent ces réunions amicales. M. Coindet s'était chargé de tous les intérêts matériels de Jean-Jacques et lui rendait tous les services imaginables ; secondé par MM. Vernet et Thelusson, banquiers, il soignait ses revenus, augmentait son avoir et le préservait des inévitables tracas que les affaires d'intérieur causent aux hommes de lettres. M. le docteur Coindet, petit-neveu de l'ami de Jean-Jacques, possède une volumineuse collection des billets adressés par le philosophe à son oncle, et ces papiers contiennent des preuves surabondantes des visions de Rousseau. Nous n'en citerons qu'un exemple.

Un jour Jean-Jacques écrit : « Mon cher Coindet, venez me voir à Paris, non pas à l'appartement accoutumé, mais suivez le porteur, et en frappant à la porte demandez M. James... » M. Coindet court au rendez-vous et trouve son malheureux ami bouleversé de la rencontre d'un inconnu qui, dans les bois d'Ermenonville, l'avait considéré attentivement, et s'était retourné deux fois pour le regarder plus à loisir... Rousseau tenait ce promeneur indiscret pour un agent de ses ennemis, qui cherchait un prétexte pour l'arrêter... M. Coindet et ses collègues purent à grand'peine tranquilliser l'infortuné visionnaire.

Rousseau avait un véritable culte pour les usages et les souvenirs de son pays. Les beaux traits de l'histoire genevoise vivaient dans son âme et les anniversaires fêtés sur la terre natale étaient religieusement observés par l'exilé volontaire. Il célébra toujours l'Escalade; la mémoire de ce fait d'armes lui était particulièrement chère et précieuse. « Le 12 décembre 1602, disait-il, la nation genevoise reçut le baptême du sang : cette nuit place nos ancêtres à côté des hommes de Sempach et de Morgarten, ils défendirent leur indépendance en gens qui ne comprenaient pas que leur vie pût être séparée de leur liberté [1]. »

Le 12 décembre 1775 devait amener une réunion particulièrement agréable pour Jean-Jacques : ses meilleurs amis de Genève, MM. Moultou et Beauchateau se trouvaient à Paris et la fête avait lieu chez M. Vernet. Sept heures sonnent, Rousseau n'arrive pas... huit heures sont passées, la dinde se raccornit et Jean-Jacques n'a point paru. Enfin M. Moultou prend son chapeau et court au logis où le philosophe descend lorsqu'il vient à Paris. Arrivé près de la porte, un fumet de rôti frappe son odorat, il entre et trouve

[1] Nous ajoutons pour les lecteurs étrangers à Genève, que le 12 décembre 1602 le duc de Savoie, à la tête de 5000 hommes, tenta de s'emparer de Genève pendant la nuit, les assaillants furent repoussés avec perte, et la victoire fut si complète, qu'une paix perpétuelle fut accordée à la cité protestante. Les Genevois célèbrent encore ce souvenir dans des banquets de famille fort animés : les mets sont simples, un plat de poisson et un dindon en forment le menu invariable.

Rousseau seul à table devant une dinde .... « Mais mon cher! comment pouvez-vous causer ce chagrin à vos bons amis qui vous attendent avec inquiétude ?

— « Voyez Moultou ! je n'ai plus d'amis au monde, à qui je puisse me fier, aussi j'ai voulu souper ce soir avec un convive qui, j'en suis certain, ne répétera pas mes paroles.... » et toutes les instances de Moultou furent vaines; on dut fêter l'Escalade sans Rousseau.

Parmi les ecclésiastiques genevois, Rousseau s'était particulièrement attaché à MM. Mouchon et Roustan. Son affection pour Roustan avait résisté aux franches et sévères paroles que ce courageux champion du christianisme lui adressait pendant les pénibles luttes suscitées par les *Lettres de la montagne;* mais Rousseau savait que son ami s'exposait à toutes les rancunes de Voltaire pour défendre sa foi; aussi lisait-il ses lettres avec le plaisir que procure aux âmes élevées le talent mis au service de la vérité.

M. Mouchon, pasteur à Bâle, se trouvant à Genève, désirait beaucoup connaître personnellement Jean-Jacques. MM. Beauchateau et Roustan lui proposèrent une course à Motiers-Travers, et voici comment M. Mouchon rend compte à sa femme de cette excursion :

« Nous sommes donc à Motiers, chez M. Rousseau ; nos jour-
« nées se passent avec une singulière variété, j'ai prêché le di-
« manche matin, et Roustan l'après-midi ; notre grand penseur
« nous a donné une leçon d'art de la chaire que nous n'oublierons ja-
« mais... Dans sa maison, M. Rousseau est un fort aimable homme :
« tu n'as pas d'idée combien son commerce est charmant, quelle
« politesse bien entendue dans ses manières !... quel fond de gaîté
« et de sérénité dans sa conversation. Ne te figurais-tu pas un
« homme bizarre, toujours grave, même parfois brusque ? Ah !
« quelle distance de là à son vrai caractère, quand il n'est pas tour-

« menté par ses noires idées ! A une physionomie douce, il joint « un regard plein de feu ; quand on traite une matière à laquelle il « prend intérêt, ses yeux, sa bouche, ses mains, tout parle chez « lui ; il rit avec ceux qui rient, il badine, il cause avec les en- « fants... Enfin je tombais des nues en le voyant pour la première « fois.

« Mais voici le plus plaisant de l'affaire : Comme il avait exigé « que nous vinssions tous les jours partager son frugal repas, il « eut un soir l'idée de nous imposer, ainsi qu'à lui-même, l'ancien « usage de nos pères, lorsqu'ils passaient leurs soirées auprès du « feu de la cuisine : cet usage consiste à tourner, chacun à son « tour, la broche au coin du feu, en récitant pendant ce temps-là « un conte, une fable, une historiette. Nous fûmes très-brefs en « nos discours. Le tour de Rousseau étant venu, il paya largement « son écot en nous racontant sa *Reine Fantasque;* cette pièce, que « nous ne connaissions pas, eut un intérêt tout nouveau pour nous. « Le ton aimable et gaîment varié avec lequel il récita, la vivacité « de son geste, le jeu animé de sa physionomie, toute sa personne « en action, nous ravirent d'aise et de contentement... Ces jour- « nées passées dans son intimité ne sortiront jamais de ma mé- « moire. »

La différence était grande en effet lorsque Jean-Jacques se sentait à l'aise avec ses amis, ou lorsqu'il était obligé de paraître en public. Messieurs Mouchon et Beauchateau se trouvaient encore à Motiers lorsqu'arriva une lettre du conseil communal de Couvet qui décernait à Rousseau la bourgeoisie d'honneur. Très-flatté de cette démonstration, Rousseau veut faire une visite de remerciements à ses nouveaux combourgeois, il prépare une brève allocution et part en char à bancs conduit par M. Vincent Coulin, un des notables du voisinage.

« ..... Jamais, dit M. Coulin, je ne vis une angoisse pareille !

Ce pauvre M. Rousseau redisait tout le long de la route son discours, et lorsqu'un mot lui échappait, des gouttes de sueur mouillaient ses tempes; il relisait son manuscrit comme un homme qui a la fièvre... il en vint à bout cependant et prononça sa harangue, qui fit le plus grand plaisir à messieurs de Couvet. »

Les vieux amis de Rousseau supportèrent ce mélange d'abandon et de défiance maladive comme une misère incurable et redoublèrent d'affection pour lui à mesure que son état s'aggravait. Ces hommes indépendants étaient souvent blâmés par leurs concitoyens : on trouvait qu'ils auraient dû épouser les rancunes de ceux qui regardaient comme ruineux pour la société les principes d'égalité et de responsabilité morale introduits par Rousseau dans ses projets de constitution politique. On trouvait étrange que des hommes tels que MM. Pictet, Necker, Moultou, Prevost pussent supporter les boutades orgueilleuses du philosophe.

Moultou pensait à ce sujet comme Prevost. « Eh, Messieurs, dit-il un jour, si nous étions à la place de Rousseau, si l'esprit du siècle était dirigé par notre pensée, si les écrivains du siècle se courbaient humblement devant notre plume, connaissons-nous les proportions qu'atteindrait notre amour-propre?... Vous semblez toujours croire qu'un génie de la trempe de notre illustre ami doit être traité comme un homme ordinaire ! »

Cette inaltérable affection que Rousseau conserva pour ses amis de Genève, il l'éprouvait au plus haut degré pour son pays : cet attachement allait jusqu'à la jalousie, il émoussa tous les traits satiriques qu'il aurait pu lancer aux Genevois. Nos pères avaient des défauts, des ridicules dont nous ne sommes point exempts, et si Rousseau avait voulu faire ressortir certain esprit de coterie, certaine étroitesse de jugement, certaine avarice qui s'allie aux accès de générosité inspirés par les grands malheurs, il aurait pu les stigmatiser d'une manière ineffaçable. Loin de lui cette pensée : en dépeignant le caractère genevois, à peine laisse-t-il percer une douce malice qui lui inspire des compliments plutôt que des critiques.....

Les procédés de Voltaire étaient différents : le seigneur de Ferney aurait volontiers adopté Genève pour sa patrie, à condition de pouvoir exercer sur la ville une haute juridiction philosophique et religieuse. Nos ancêtres n'acceptaient pas ces prétentions, et ils eurent aux yeux de Voltaire le tort de ne lui avoir jamais décerné la bourgeoisie d'honneur. Les commensaux de Ferney, qui essayèrent un jour de faire au Conseil une pareille insinuation, ne jugèrent pas prudent de revenir à la charge ; aussi Voltaire s'en vengea en déversant sur la cité de Calvin toutes les grossières injures que contient le poëme de la *Guerre de Genève*. L'un des traits qui vexa le plus les citoyens fut la peinture de l'avidité pécuniaire, qu'on reprochait aux Genevois. Voltaire décrit une tempête sur le lac : une femme en est victime, on la dépose évanouie sur la grève, tous les efforts demeurent impuissants pour la rappeler à la vie; passe un étranger qui demande : De quelle nation est cette infortunée? — C'est une Genevoise, milord.... — Ah ! une Genevoise, attendez, j'ai une recette infaillible pour savoir si elle est morte ou vivante. Disant cela, il dépose un écu dans la main de la noyée, qui aussitôt ferme les doigts et retrouve assez de force pour serrer son argent dans sa poche.

Lorsque Rousseau lut ce poëme, il fit peu d'attention aux paroles dignes des halles que Voltaire ne craint pas d'employer à son égard.

« Monsieur de Voltaire me traite de tête fêlée, dit-il, mais il aurait grand besoin lui-même de bains chauds et de saignées bienfaisantes pour rétablir sa raison tant soit peu compromise par ses derniers excès de plume. »

Cette indifférence philosophique ne s'étend pas aux diatribes dirigées contre sa ville natale; ces injures le blessent au cœur, et il ne cesse de témoigner le plus vif ressentiment contre l'homme qui abusait de son génie pour diffamer un pays dont le seul tort était de repousser ses tendances immorales.

Ce culte pour sa patrie, Rousseau le conserva jusqu'à son dernier jour, et chaque fois que le nom de Genève se retrouve sous sa plume, c'est pour lui une occasion d'exprimer le tendre souvenir qu'il lui garde.

---

# CHAPITRE V

**Rousseau et l'étude de la nature. — La nouvelle Héloïse. — Réforme de l'éducation.**

Nous vivons dans une admirable vallée; nos lacs, nos collines et nos montagnes offrent les plus beaux points de vue; ces lieux si favorisés par la main du Créateur sont visités chaque année par des milliers de voyageurs, et les personnes venues des bords de l'Hudson, de la Néwa, de la Tamise et de la Seine racontent les magnificences de notre pays dans toutes les langues du monde civilisé.

Les étrangers ne sont pas les seuls qui jouissent du spectacle offert par la Suisse. Les habitants de nos contrées apprécient mieux que personne les splendeurs des paysages alpestres; tous les esprits cultivés en recherchent les sites remarquables; tous les gens bien portants savourent le plaisir de la course à pied et la conquête des points de vue nouveaux. Sur tous les coteaux d'où l'on découvre les Alpes et les lacs, s'élèvent de nombreuses maisons de campagne, et les soirées où les glaciers sont à découvert, forment des moments de contemplation et de bonheur.

Si notre population savoure les beautés du pays natal, des hommes d'élite, inspirés par le spectacle étalé sous leurs yeux, ont créé, depuis un siècle, une école de littérature et une école de paysage, dont les chefs-d'œuvre se trouvent dans toutes les bibliothèques, ou décorent les musées publics et les collections des particuliers.

Bonnet, de Saussure, Töpffer, Haller, Agassiz et Desor ont popularisé, par leurs écrits, les merveilles des Alpes. De la Rive, Max, Meuron, Töpffer, Diday, Calame et leur école, ont porté dans toute l'Europe les représentations aussi exactes que poétiques des grandes vues de la Suisse.

Ce développement esthétique, cette affection intelligente, ce sentiment universel des beautés de la nature a sans doute toujours existé, et, depuis que les hommes civilisés ont peuplé les rives de nos lacs, l'admiration pour le paysage a fait partie intégrante de la vie intellectuelle des Suisses romands. Ce fait semble naturel; toutefois, c'est le contraire qui est vrai : le culte de la nature inanimée est le progrès le plus récent de notre esprit. Des siècles ont passé sans que les hommes parussent comprendre les beautés du monde extérieur étalées à leurs regards. Quelques faits prouveront l'exactitude de cette assertion.

Lorsqu'une idée domine un peuple, lorsqu'un goût caractérisé devient une habitude générale, ce goût, ce sentiment se retracent dans la littérature et les divers monuments légués par ces nations. Si les Suisses romands des anciens jours ont admiré leurs paysages, cette admiration se retrouvera dans leurs livres, leurs tableaux, leurs habitudes et le choix de leurs demeures; or, l'examen de la littérature et des produits artistiques de nos ancêtres montre que le sens des beautés du paysage était inconnu aux classes cultivées de la société. Quelques hommes d'élite, deux ou trois auteurs, offrent seuls quelques vestiges de ce sentiment aujourd'hui si populaire.

Nous ne voulons pas dire que du temps de Jules-César les Romains n'eussent pas le sens des beautés de la nature. Ces hommes, nourris de la poésie d'Horace et de Virgile, et des pages descriptives de Cicéron, comprenaient les magnificences du monde extérieur; ils l'ont prouvé sur les rives de nos lacs, en choisissant les collines les mieux situées pour y bâtir leurs temples et leurs palais.

On pourrait ajouter que les moines du moyen âge se montrèrent singulièrement habiles dans le choix des localités. Les plus belles positions sont occupées par leurs forteresses et leurs abbayes. Mais si quelques esprits poétiques aimaient la rêverie sur les esplanades des couvents, il est certain que le bon air et l'abondance des produits agricoles déterminaient l'emplacement des monastères au moins autant que les beautés idéales de la nature.

En dehors des colonies romaines et des congrégations monacales, fidèles à l'esprit de leurs fondateurs, le sentiment de la nature se trouve très-peu développé chez nos ancêtres. Au seizième et au dix-septième siècle on publiait des in-folios aussi facilement que nous imprimons des brochures, et les théologiens ne parlent des splendeurs de la création ni dans leurs sermons, ni dans leurs liturgies. Les livres d'histoire naturelle et de botanique sont muets touchant les merveilles des lacs et des montagnes. Les voyageurs s'occupent de l'histoire et de la législation de nos contrées, ils calculent la valeur des produits matériels, mais ils n'élèvent jamais les yeux jusqu'aux richesses des paysages. Un célèbre touriste anglais, Burnett, donne en 1650 une excellente description de la Suisse; un auteur français, nommé Davily, compose un remarquable tableau de l'Europe. Ils consacrent des pages pleines de naïveté et de bienveillance à décrire Genève ; ils admirent les fabriques de velours et de soieries ; ils louent sans réserve l'état des mœurs et de l'instruction publique, mais le lac et les montagnes ne paraissent pas avoir frappé leurs regards.

Cependant nous irions trop loin en affirmant qu'au seizième et au dix-septième siècle les habitants de nos vallées étaient complétement dénués du sentiment des beautés de la nature. Nous avons retrouvé deux fragments qui prouvent que les âmes d'élite savaient les comprendre et les sentir [1].

Voici quelques vers composé en 1588 par un magistrat genevois, Noble Duvillard ; il est atteint d'une grave blessure et il écrit :

Or seul veillant pour passer mes douleurs
Et récréer, j'entreprins à trasser
Sur ce papier ce beau lac genevois
Auquel chrétiens accourent sans lasser
Pour louer Dieu, maugré princes et rois.
Plumes, pinceaux, couleurs en tous endroits
J'ai fait passer par villes et châteaux,
Villages, bourgs, par montagnes et bois,
Par champs, et prés et vignobles si beaux,
Rochers, forêts, rivières et ruisseaux :
Excusez s'il vous plaît tous les défauts [2].

Le plus ancien biographe de saint François de Sales a conservé le morceau suivant qui nous initie dans les impressions intimes de

[1] Calvin avait le sens des beautés de la nature, car ayant à choisir une habitation pour ses amis, « il s'inquiète de la trouver avec le plus plaisant regard qu'il se puisse. »

[2] Ce tableau panorama existe à la Bibliothèque de Genève et dans les magnifiques albums genevois de M. Rigaud-de Constant.

l'illustre théologien. Il décrit en ces mots la vue de la vallée du Léman :

« Voiron est une très-haute montagne qui sépare le Chablais du Faucigny, à l'aspect oriental de Genève. Du côté qu'elle regarde le septentrion, elle voit devant soi le grand lac Léman et presque toutes les montagnes de la Bourgogne et celles des Suisses, éloignées et distinguées par des ombres bleues. Plus près les villes et les terres de Genève et Berne, une infinité de villages, temples, châteaux, fleuves, étangs, forêts, prés, vignes, collines, chemins, et autres choses semblables, avec une si grande variété que l'œil en tire une merveilleuse récréation et ne peut rien voir au monde de plus beau. Du côté du midi elle voit par *une soudaine horreur* les montagnes du Faucigny, et pour leur extrémité les cimes sourcilleuses de Champmuni, couvertes d'une glace et d'une neige éternelles, en sorte que l'œil de celui qui se tourne tantôt d'un côté tantôt d'un autre, reçoit un contentement non pareil [1]. »

Enfin un voyageur célèbre, Tavernier, au 17e siècle, avait compris les beautés de notre pays. Ses pérégrinations sont terminées ; il a parcouru les deux hémisphères. Désireux de passer ses dernières années dans la solitude et le repos, il analyse tous les sites que lui rappelle sa mémoire ; il choisit les bords du lac de Genève, et annonce en ces termes sa résolution à la société parisienne :

— « Mes amis, j'ai longtemps cherché une maison de campagne pour y achever tranquillement ma vie.

— Or ça, vous choisirez la France, sans aucun doute ; c'est le plus beau pays du monde, il n'y en a point qui en approche.

— Messieurs, la France est un pays charmant, délicieux, j'en conviens.... mais mon cœur et mes yeux sont en Suisse.

[1] Vie de saint François de Sales, par son neveu Auguste de Sales, 1632.

— Quoi! ce pays de glace et de montagnes stériles, dont les peuples n'auraient pas le quart de la subsistance nécessaire si les autres contrées ne le déchargeaient pas d'une grande partie de ses habitants!

— Vous connaissez très-bien la Suisse, à ce que je vois, Messieurs, mais telle qu'elle est, elle est pour moi le plus beau pays du monde. »

Ainsi parlait Tavernier, et avec lui ces hommes dont le petit nombre et l'isolement montrent que leur siècle ne se préoccupait guère des beautés de la création.

Un fait matériel prouve du reste surabondamment cette lacune. C'est le style et la position des anciennes maisons de campagne construites dans la Suisse romande.

Au 16e et au 17e siècle, deux classes d'habitations rurales s'élèvent dans nos vallées, c'est *le château* et *la ferme*. Le château placé dans des positions faciles à défendre, la ferme disposée pour l'exploitation agricole. Vers le commencement du 18e siècle, de 1715 à 1750, apparaissent les grandes maisons de campagne. Les Suisses-Français se sont enrichis dans d'heureuses spéculations, mais, comme effrayés de leur rapide fortune, ils s'empressent de la convertir en immeubles solides et productifs ; ils élèvent les plus belles rues à Genève, à Lausanne, à Neuchâtel; ils construisent à la campagne sous la direction d'habiles architectes, ces solides et majestueuses maisons carrées qui conviennent à merveille au climat variable de notre pays.... Le sens des beautés de la nature s'est donc développé chez nos ancêtres dès le commencement du siècle, puisque ces belles et confortables demeures se multiplient alors sur nos collines et dans nos plaines! — Oui, le goût de la campagne, le goût du jardin, le goût du parc, s'est développé. Mais la notion esthétique, la notion des beautés de la nature, l'appréciation des grandeurs du paysage alpestre, ce sentiment est encore endormi. Il semble qu'un rideau perpétuel de brouillards voile le spectacle du Mont-Blanc aux habitants de la Suisse romande. Ils en sont encore « aux *soudaines horreurs* des glaciers de Chamouny, » et la preuve c'est que toutes ces maisons de campagne si bien construites, si élégamment ornées, quant à la pelouse et aux jardins, tournent invariablement le dos à la vue ; on les place dans des bas-fonds où l'horizon est borné à un mille de distance. Les salons sont au nord, et lorsque les positions élevées offrent un paysage étendu, on a soin de planter des marronniers et des ormeaux entre le lac et la façade.

Cet état de choses dure jusqu'en 1760 ; mais à ce moment une révolution véritable et complète s'opère dans la Suisse française. Trois ou quatre hommes comprennent simultanément les beautés de la nature alpestre. Ils déchirent enfin ce rideau qui voilait les splendeurs des montagnes ; ils font comprendre à leurs contemporains que le lac est autre chose qu'un réservoir de truites et de féras, un étang pour les courses en petits bateaux. Haller à Lausanne, Trembley, Bonnet et Rousseau à Genève, prennent la nature extérieure pour objet de leurs études ; ils en découvrent les beautés, ils réchauffent, développent ce sentiment admirateur jusqu'alors engourdi ; ils créent un élément nouveau dans la vie intellectuelle, soit chez leurs compatriotes, soit dans la grande société française.

Les rôles sont distincts chez ces contemplateurs de la beauté de notre pays. Trembley et Bonnet s'attachent au côté scientifique et religieux ; mais dans la découverte des paysages alpestres, leur influence ne dépasse guère, au premier moment, les limites des vallées natales. L'homme qui popularise le sentiment de la nature, qui fait comprendre la poésie et les charmes de la contemplation ; l'homme qui fait arriver sur la société française les bonnes et fraîches haleines des montagnes ; l'homme qui force le beau monde à quitter la grande allée du parc pour la vraie promenade aux champs... cet homme, c'est Rousseau. Les auteurs et les critiques français sont unanimes touchant l'impression produite à cet égard par l'*Emile* et la *Nouvelle Héloïse*, et tandis que les tendances politiques et religieuses de ces livres excitaient les colères du parlement et du clergé, les descriptions, les révélations de Rousseau opèrent dans le sentiment de la nature la plus douce et la plus poétique des révolutions que l'histoire de l'esprit humain puisse enregistrer.

Rousseau popularise trois choses : la beauté idéale des lacs et de la région moyenne des Alpes; le voyage à pied et la course de montagne; la maison champêtre pour tout le monde.

Le voyage à pied, la grande course de montagne, cet élément indispensable de notre vie actuelle, ce désir, ce vœu de tout homme en pleine santé, ce regret constant du valétudinaire..... le voyage à pied, ce portefeuille des souvenirs si richement illustré plus tard par de Saussure, Agassiz et Töpffer, Rousseau en écrivit les premières pages, Rousseau en est l'inventeur.

Une page ou deux de Rousseau, écrites à l'apogée de son influence, décidèrent la question. Voici ses paroles :

« Jamais je n'ai tant pensé, tant vécu, *tant été moi*, si j'ose ainsi dire, que dans les voyages que j'ai faits, seul et à pied. La marche a quelque chose qui anime, qui avive mes idées. La vue de la campagne, la succession des aspects agréables, le grand air, le grand appétit, la bonne santé que je gagne en marchant, la liberté de l'auberge, l'éloignement de tout ce qui me fait sentir ma dépendance, tout cela dégage mon âme, me donne une plus grande audace de penser. Mon cœur erre d'objets en objets, s'unit, s'identifie à ceux qui le flattent, s'entoure d'images charmantes, s'enivre de sentiments délicieux. »

On voulut éprouver si Rousseau avait dit vrai; on fit des voyages à pied et l'on en garda la douce habitude.

Son tableau du lever du soleil ne sera guère dépassé.

« Transportons-nous sur un lieu élevé avant que le soleil se lève.. . On le voit s'annoncer de loin par des traits de feu qu'il lance au-devant de lui. L'incendie augmente; l'Orient paraît tout en flammes. A leur éclat on attend l'astre longtemps avant qu'il se montre. A chaque instant on croit le voir paraître. On le voit enfin. Un point brillant part comme un éclair et remplit aussitôt tout l'espace..... Le voile des ténèbres s'efface et tombe, l'homme reconnaît son séjour et le trouve embelli. La verdure a pris dans la nuit une vigueur nouvelle ; le jour naissant qui l'éclaire, les premiers rayons qui la dorent, la montre couverte d'un brillant réseau de rosée qui réfléchit à l'œil la lumière et les couleurs. Les oiseaux en chœur se réunissent et saluent de concert le Père de la vie. Le concours de tous ces objets porte aux sens une impression de fraîcheur qui semble pénétrer jusqu'à l'âme. Il y a là une demi-heure d'enchantement auquel nul homme ne résiste. Un spectacle si grand, si beau, si délicieux n'en laisse aucun de sang-froid. »

Au voyage à pied se rattache une excursion en Valais, qu'il fit dans l'automne de 1759, et qui fut l'origine des pages immortelles qu'il écrivit sur Clarens et Meillerie. Nous avons admiré la description de la marche en plaine, le voici sur la haute montagne :

« Je démêlai insensiblement que la pureté de l'air était la véritable cause du retour de cette paix intérieure que j'avais perdue depuis si longtemps. En effet, sur les hautes montagnes, où l'air est pur et subtil, on se sent plus de facilité dans la respiration, plus de légèreté dans le corps, plus de sérénité dans l'esprit. Les méditations y prennent je ne sais quel caractère grand et sublime proportionné aux objets qui nous frappent. Il semble qu'en s'élevant au-dessus du séjour des hommes, on y laisse tous les sentiments bas et terrestres, et qu'à mesure qu'on s'approche des régions éthérées, l'âme contracte quelque chose de leur inaltérable pureté.

On y est grave sans mélancolie, paisible sans indolence, content d'être et de penser Je doute qu'aucune agitation violente, aucune maladie de vapeurs, pût tenir contre un pareil séjour prolongé, et je suis surpris que les bains de l'air salutaire et bienfaisant des montagnes ne soient pas un des grands remèdes de la médecine et de la morale. »

Ce fut dans ce voyage que Rousseau, frappé de la beauté de Clarens et de ses environs, résolut d'y placer la scène de son roman, la *Nouvelle Héloïse* [1]. La description varie étonnamment de caractère. Certaines parties sont d'une exactitude parfaite; sans aucun doute elles sont faites sur place. D'autres sont composées de souvenir, et l'imagination du poëte reproduit la réalité absente sans tenir compte de la vérité locale. Ainsi, lorsque Rousseau dépeint la montagne de Meillerie, il suppose ce lieu séparé seulement par une bande de rochers, des glaciers de la Dent-du-Midi. Le charmant tableau de la promenade sur le lac, au contraire, est évidemment tracé sur les lieux. Jugez-en : « En nous écartant des côtes, j'admirais les riches et charmantes rives du pays de Vaud, où la quantité des villes, les coteaux verdoyants et parés de toutes parts, forment un ravissant tableau, où la terre, partout cultivée et partout féconde, offre au laboureur, au pâtre, au vigneron, le fruit assuré de leurs peines, que ne dévore point comme ailleurs l'avide collecteur d'impôts .... Le lac était paisible. Je gardais un profond silence. Le bruit égal et mesuré des rames m'excitait à rêver. Un ciel serein,

[1] Le site exact du bosquet de Julie n'est point indiqué par Rousseau, cependant nous inclinons fort pour le placer au-dessus de Clarens, sur cette plate-forme couverte de châtaigniers trois fois séculaires et d'où l'on découvre en plein l'aspect merveilleux de la contrée. M. Mirabeau, propriétaire de ce lieu, devrait y faire construire une villa où l'on rassemblerait les souvenirs et les traces matérielles du séjour de Rousseau dans le pays.

la fraîcheur de l'air, les doux rayons de la lune, le frémissement argenté dont l'eau brillait autour de nous, me remplissaient des plus douces sensations. Oh! mon lac! tu as un attrait que je ne saurais expliquer, qui ne tient pas seulement à la beauté du spectacle, mais à je ne sais quoi de plus intéressant, qui m'affecte et m'attendrit! Quand l'ardent désir de cette vie heureuse et douce, pour laquelle j'étais né, vient enflammer mon imagination, c'est toujours près du lac qu'elle se fixe. »

Je puis raconter à peu près avec certitude les circonstances, le jour, où cette page fut écrite. Entre Cully et Vevey se trouve le château de Gleyrolles, assis sur un roc au bord du lac, et dépouillé aujourd'hui de ses tours. Dans l'automne de 1759, sous un noyer près des murs du château, était assis un voyageur couvert de poussière. Il ne semblait pas sentir la fatigue, et le propriétaire le regardait, s'étonnant de le voir écrire avec rapidité, et raturer, effacer la plupart des mots. Enfin, le digne homme sortit de la cour et s'approcha de l'étranger qui, levant le regard, lui dit : « Vous avez de bien belles vignes, Monsieur, et le vin doit être fort bon, à en juger par la chaleur qui frappe ces rochers.

— Mais, Monsieur, pour juger de la bonté du vin il faudrait le goûter. Descendez, s'il vous plaît, à la cave.

— Volontiers ; je suis altéré.

Ils descendent. Le voyageur admire le nombre et la grosseur des tonnes, il goûte, trouve le vin excellent, puis il dit à son hôte :

— Monsieur, les voyageurs aiment à conserver le souvenir détaillé des bons moments de leurs journées ; à qui suis-je redevable de cet aimable accueil ?

— Monsieur, je suis le banneret de Gleyrolles.... Et vous, Monsieur, qui avez l'air si bon enfant, oserais-je vous demander votre nom ?

— Mon nom ! il ne vous dira rien ; je m'appelle Rousseau.

— Rousseau !.... Monsieur Jean-Jacques !... Eh ! Monsieur, excusez de vous avoir reçu ainsi ! Monsieur Jean-Jacques !... Et moi qui vous donnais du nouveau !

Le propriétaire met aussitôt en perce un tonneau des bonnes années, se fait apporter une solide collation, on boit, on trinque, on compare les plus vieux produits. Et M. le banneret disait plus tard :

— Oh ! voilà ! quand il reprit le chemin de Vevey, il était bien un peu gai, M. Rousseau, et chantait de tout son cœur ses couplets du *Devin du Village* [1].

Si les descriptions de Rousseau sont admirables, on y découvre néanmoins une grande lacune. Il analyse les beautés des lacs, des régions moyennes des Alpes, mais les splendeurs des glaciers, la poésie des hautes cimes paraissent lui avoir échappé. A peine consacre-t-il une ou deux lignes à l'illumination du soir, à la coloration du Mont-Blanc.

Cette partie de la tâche, ce magnifique complément des études de la nature suisse, la découverte de ce nouveau monde des Alpes, était réservée à de Saussure. Oui, de Saussure seul, le premier, a fait comprendre la majesté, la sublimité des cimes glacées ; avant lui ce sentiment n'existait pas. En veut-on la preuve? En 1740, deux Anglais, Pockoke et Windham, font les premiers la course de Chamouny et découvrent [2] cette vallée. Leur voyage est plein d'aventures intéressantes, mais à peine une phrase, un cri d'admiration à la vue de ces magnificences des solitudes glacées ; ils en me-

[1] Cette anecdote m'a été communiquée par M. Visinand, de Montreux, petit-fils du banneret de Gleyrolles.

[2] Nous disons *découvrent* pour les voyageurs et les touristes, car Chamouny était un lieu bien connu des collecteurs d'impôts de tout genre, ainsi que le prouvent des actes remontant au douzième siècle, dont les habitants de la vallée ont remis les copies à M. le professeur Gaullieur.

surent mathématiquement les dimensions, et les fatigues, les dangers du voyage, les vulgaires accidents du touriste dans un pays nouveau, voilà tout ce qui les frappe.

De Saussure seul comprend, admire et fait savourer à ses lecteurs les beautés des neiges éternelles. Rousseau n'est-il pour rien dans le développement de Saussure? Nous ne pouvons l'affirmer positivement. De Saussure n'a pas laissé de souvenirs d'enfance; nous savons seulement que de bonne heure il eut la passion des courses à pied et des voyages de montagne. Mais il est bien difficile de croire que les œuvres de Rousseau n'aient pas fait une impression profonde sur le futur explorateur des Alpes, âgé de vingt ans lorsque se produisit le mouvement opéré par l'*Emile* et la *Nouvelle Héloïse*.

Si Rousseau, par son génie poétique, développa le premier l'affection pour les beautés de la nature, s'il a provoqué et popularisé l'habitude des courses et des voyages à pied, il nous a rendu un service encore plus signalé. Ce bienfait, ce service, est une de ces choses tellement simples, qu'en en jouissant on dit: mais cela s'est toujours passé de même; le beau mérite de découvrir ce qui saute aux yeux de tout le monde.... Oui! c'est la vieille histoire de l'œuf de Christophe Colomb, car la découverte dont je parle, c'est *la maison blanche aux contrevents verts*.

Avant Rousseau, quoique le goût de la campagne existât dans la Suisse romande, nous avons dit que les seules constructions champêtres étaient les châteaux, les grandes habitations tournant pour la plupart le dos à la vue, et les demeures des paysans. La maison moyenne, la petite maison de campagne, le logis pour une seule famille, l'admirable privilége de jouir des beautés du dehors et de la vie en plein air pour soi et pour ses enfants, tout cela était réservé aux familles riches: la famille bourgeoise, avec un avoir modeste, une fortune restreinte, n'aurait jamais pensé à ce genre de bien-être, à cet élément de bonheur. Une page de Rousseau détermina cette douce révolution.

« Je n'irais pas me bâtir une ville en campagne et mettre au fond d'une province les Tuileries devant mon appartement. Sur le penchant de quelque agréable colline bien ombragée, j'aurais une petite maison rustique, une maison blanche avec des contrevents verts. Je choisirais pour la couvrir la tuile, parce qu'elle a l'air plus propre que le chaume, plus gai que l'ardoise, qu'on ne couvre pas autrement les maisons de mon pays, et que cela me rappellerait un peu l'heureux temps de ma jeunesse. J'aurais pour cour une basse-cour ; pour écurie une étable avec des vaches pour avoir du laitage que j'aime beaucoup. J'aurais un potager pour jardin, et pour parc un joli verger ; les fruits à la discrétion des promeneurs, ne seraient point comptés par mon jardinier. Cette petite prodigalité serait peu coûteuse, parce que j'aurais choisi mon asile dans quelque province éloignée où l'on voit beaucoup de denrées et peu d'argent, et où règnent l'abondance et la pauvreté. »

Ainsi parlait Rousseau dans l'*Emile*. Ainsi, dit M. Sainte-Beuve, « évoquait-il avec l'éclat et la précision qu'il portait dans le souvenir de tels tableaux de jeunesse jusqu'au sein de ses années les plus troublées et les plus envahies. » L'influence de ces descriptions fut universelle. On voulut essayer le bonheur que pouvait donner la maison blanche aux contrevents verts ; elles s'élevèrent çà et là sur nos collines. Toutefois, les sombres années de la révolution et la sanglante période de l'empire ajournèrent ces créations du calme et de la paix. Mais, depuis 1815, les rives de nos lacs et les sommets de nos coteaux attestent que l'idée de Jean-Jacques a fait son chemin dans la patrie suisse, et sous ce rapport il a subi le sort réservé aux inventeurs : on jouit de son bienfait, et rarement on donne une pensée à celui qui introduisit dans son pays cette utile et charmante innovation.

Les admirables paysages de Clarens et de Vevey inspirèrent à Rousseau la pensée de placer sur les rives de notre lac le théâtre d'un roman. Malheureusement si la Suisse française lui fournit la partie extérieure de son livre, la société immorale de Paris au sein de laquelle il vivait domina ses souvenirs dans la création de ses principaux personnages.

En réalité la Sophie de l'*Emile* et la Julie de la *Nouvelle Héloïse* sont des êtres impossibles moralement parlant.

Rousseau suppose chez une jeune fille l'innocence et la pudeur existant avec l'expérience de tous les mystères du libertinage! La sainte ignorance du mal unie à la science raisonnée du vieux docteur!

Cette absurdité s'explique chez Rousseau : son imagination créait souvent les choses idéales les plus élevées, mais du jour où le curé de Confignon l'introduisit chez M^me^ de Warens, l'infortuné philosophe fut témoin de la facilité de paroles et du dévergondage des mœurs qui déshonorèrent son siècle. Dans son intérieur et dans sa société, jamais Rousseau ne fut honoré de l'intimité d'une femme honnête et pure. On comprend dès lors que ses rêves de poëte pouvaient lui inspirer de nobles images, tandis que le regard de ses yeux amenait sous sa plume des réalités fangeuses.

Aussi, nous en sommes convaincus, si les relations de Rousseau eussent été différentes, si, demeuré dans sa ville natale, il eût choisi pour compagne légitime une jeune personne élevée dans la sainte ignorance du mal, jamais notre philosophe n'aurait écrit les pages absurdes et dangereuses qui déshonorent ses plus belles compositions.

Ses amis de Genève furent péniblement impressionnés par l'apparition de la *Nouvelle Héloïse*, et tandis que le public dévorait le livre, Abauzit, profitant de la position que lui faisait Rousseau dans sa dédicace, lui écrivit la lettre suivante au nom des hommes qui aimaient le philosophe et lui disaient la vérité :

« Non, votre *Héloïse* ne nous satisfait point et vous ne tenez pas « ce que vous avez promis d'écrire touchant la pudeur, la modestie « et la vertu chez les femmes. Si votre dessein est de les conduire « à la vertu par le crime, votre espérance est vaine. Elles regar- « dent le prêche de Julie sur l'infidélité conjugale comme parfaite- « ment déplacé dans la bouche d'une fille qui, dès le commence- « ment de sa passion, montre qu'elle n'a ni éducation, ni pudeur, ni « honneur. Celle qui a si facilement oublié les vœux de son baptême « oubliera bientôt les promesses du mariage. »

Si la société française exerça une grande influence sur les compositions romanesques de Rousseau, d'autre part les vices du temps lui inspirèrent un plan de réforme pour l'éducation de la jeunesse. Il réalisa sa pensée, et l'apparition de l'*Emile* opéra une révolution des plus heureuses dans l'intérieur des familles. Les personnes qui connaissent les détails de la vie intime de Rousseau font ici une grave objection, Rousseau donner des conseils aux pères et aux mères! Rousseau parler d'éducation! Mais en avait-il le droit, lui qui n'a pas reculé devant l'affreuse résolution de mettre ses enfants à l'hôpital; lui qui, par sa faute, ne les a pas reconnus, ni élevés, comment ose-t-il donner des conseils à autrui ?

Sur ce sujet, les adversaires de Rousseau lui adressent les plus violentes récriminations, tandis que ses défenseurs essaient d'anéantir complétement sa faute..... Aux apologistes de cette lamentable page de la vie de Rousseau, nous n'adresserons qu'une seule question :

A sa place, imiteriez-vous sa conduite?

Aux juges trop sévères qui pensent que Rousseau fut criminel de sang-froid, aux personnes impartiales qui pèsent volontiers le pour et le contre sur chaque question, il sera facile de montrer que l'abandon des enfants de Rousseau fut un acte de folie bien qualifiée, un des résultats de son idée fixe, *tout le monde m'en veut.*

Le récit suivant nous semble prouver cette affirmation.

En 1774, Rousseau lisait le manuscrit des *Confessions* à une société composée des plus hautes notabilités de Paris. La séance avait commencé à sept heures du matin. On s'était à peine interrompu pendant quelques instants pour dîner, et *un murmure flatteur de félicitations, partant de toutes parts*, accueillait l'auteur chaque fois qu'il faisait une pause. Vers cinq heures de l'après-midi, Rousseau commence le récit de l'envoi de son premier enfant à l'hospice.... il le termine........ Un silence glacial règne dans l'auditoire, Rousseau examine les spectateurs et voit leurs yeux pleins de larmes. « Messieurs, s'écrie-t-il immédiatement, j'entends votre silence! je comprends vos larmes! et voici le jugement que je prononce sur ma justification.... » il déchire aussitôt quelques pages de son manuscrit, les jette au feu et se refuse à continuer la lecture.

On a retrouvé cette justification; en l'étudiant, il est difficile de ne pas reconnaître que l'idée fixe de l'ennemi, le fantôme du persécuteur est la cause de l'abandon des enfants du malheureux Rousseau.

« La Providence, écrit-il, veille sur mes enfants. Eh Dieu!
« quelle eût été leur destinée s'ils avaient eu la mienne à partager?
« que seraient-ils devenus dans mes désastres? Ils seront ouvriers
« ou paysans, ils passeront dans l'obscurité des jours paisibles;
« que n'ai-je eu le même bonheur! J'aime mieux qu'ils vivent du
« travail de leurs mains sans me connaître que de les voir (ici la
« folie de Rousseau apparaît tout entière) avilis, nourris par la traî-
« tresse générosité de mes ennemis, qui les instruiraient à détester,
« peut-être à trahir leur père... Si je n'ai pas rempli les saints
« devoirs de la nature, en cela, loin de m'excuser, je m'accuse, et

« quand même ma raison me dit que, dans ma situation, j'ai dû le « faire, je ne la crois pas, j'écoute mon cœur qui gémit et qui la « dément. Je pleurerai toujours sur cet amer souvenir, et c'est en « expiation de ma faute que j'écrivis l'*Emile*, voulant procurer aux « enfants d'autrui un peu du bonheur que je n'avais pu donner aux « miens [1]. »

Cette explication touchant l'origine de l'*Emile* étant donnée, examinons brièvement les principes d'éducation contenus dans ce livre, et leurs résultats au milieu de la société du dix-huitième siècle.

Dans les cercles mondains on peut dire que la famille n'existait plus, la passion du plaisir avait tout envahi.

Le sort des enfants en bas âge était déplorable; voici comment Rousseau le dépeint :

« On les confie à des femmes mercenaires, pour qui la nature ne « dit rien, et qui ne cherchent qu'à s'éviter la peine. Il eût fallu « veiller sans cesse sur un enfant en liberté; mais quand il est bien « lié on le jette dans un coin sans s'embarrasser de ses cris; pourvu « que le nourrisson ne se casse ni bras, ni jambes, qu'importe qu'il « périsse ou demeure infirme le reste de ses jours?.... Ces douces « mères qui, débarrassées de leurs enfants, se livrent gaîment aux « amusements de la ville, savent-elles quel traitement l'enfant au « maillot reçoit dans son village? Au moindre tracas qui survient, « on le suspend à un clou comme un paquet de hardes, et tandis « que, sans se presser, la nourrice vaque aux soins du ménage, le « malheureux reste ainsi crucifié... Tous ceux qu'on a trouvés dans « cette situation avaient le visage violet; la poitrine fortement com- « primée ne laissait pas circuler le sang, il remontait à la tête, et « l'on croyait le patient bien tranquille parce qu'il n'avait pas la

[1] Dussaux, De mes rapports avec Jean-Jacques Rousseau, page 223.

« force de crier. J'ignore combien d'heures un enfant peut rester « dans cet état sans perdre la vie, mais je doute que cela puisse « aller fort loin...... Pauvres enfants de notre siècle! façonnés au « dehors par les nourrices, et plus tard au dedans par les philo- « sophes! »

Lorsqu'on apporta ces premières pages de l'*Emile* à Buffon, il demeura longtemps rêveur, ses yeux se remplirent de larmes.

« Qu'en pensez-vous? — il n'y a rien là de nouveau, rien que vous n'ayez écrit vous-même.

« Oui, je l'ai dit il y a longtemps, mais Rousseau pourra seul se faire écouter.... à coup sûr, il va régénérer la famille. »

La prédiction de Buffon reçut un accomplissement immédiat. Les dures paroles du philosophe genevois opérèrent une révolution véritable dans l'éducation du premier âge. Les coutumes sévères du pays natal de Rousseau, dépeintes avec un talent admirable, furent adoptées en France, et les enfants, soignés avec une vigilante tendresse, purent bénir le réformateur qui seul avait su détruire les funestes usages favorisés par la mondanité et la corruption égoïste des parents.

L'éducation du premier âge ne fut pas la seule réforme entreprise par Rousseau : il atteignit les plus hautes régions de l'éloquence ironique en reprochant aux chefs de famille l'amour du plaisir et de la débauche qui leur faisait abandonner la société de leurs enfants et les soins moraux qu'ils réclament. Rousseau frappait juste; car, de son temps, les hommes perdaient leur vie dans les plus pitoyables intrigues. Les femmes passaient chaque nuit au jeu, aux bals, aux théâtres; on se levait à une heure de l'après-midi, le reste du jour était employé à la toilette, aux visites ; on ne prenait aucun souci des enfants : un abbé plus ou moins frivole élevait les garçons, un couvent recevait les filles.

Du reste, les extrêmes se touchaient, et si dans certains cercles

les enfants étaient abandonnés, ailleurs ils subissaient le régime de la flatterie intime, et Rousseau n'eut garde d'épargner ce dangereux travers :

« Que peut penser un enfant de lui-même, quand il voit autour « de lui tout un cercle de gens sensés l'écouter, l'agacer, l'admi- « rer, attendre avec un lâche empressement les oracles qui sor- « tent de sa bouche et se récrier avec des retentissements de joie « à chaque impertinence qu'il dit. La tête d'un homme aurait bien « de la peine à tenir à tous ces faux applaudissements, jugez de ce « que deviendra la sienne. La première et la plus importante science « qui leur convient n'est-elle pas d'être discret et modeste, et que « peut produire dans les enfants cette émancipation de paroles « avant l'âge de parler ? Et ce droit de soumettre effrontément les « hommes à leur interrogatoire ! Que deviennent ces petits ques- « tionneurs babillards qui questionnent moins pour s'instruire que « pour importuner, pour occuper d'eux tout le monde ?

« Des mains de semblables mères les enfants tombent dans les « mains des philosophes [1]. Ah ! la belle et sérieuse école ! qu'ils « sont heureux ! qu'ils sont bien dirigés !

« Nous vivons dans le climat et dans le siècle de la philosophie « et de la raison. Les lumières de toutes les sciences semblent se « réunir à la fois pour éclairer nos yeux et nous guider dans cet « obscur labyrinthe de la vie humaine. Les plus beaux génies de « tous les âges réunissent leurs leçons pour nous instruire, d'im- « menses bibliothèques, des colléges, des universités nous offrent « dès l'enfance l'expérience et la méditation de 4000 ans. L'immor- « talité, la gloire, la richesse et souvent les honneurs sont le prix « des plus dignes dans l'art d'instruire et d'éclairer les hommes. « Tout concourt à prodiguer à chacun de nous tout ce qui peut for-

[1] Lettre inédite. Collection Moultou.

« mer et cultiver la raison.... En sommes-nous devenus meilleurs, « ou plus sages?... En savons-nous mieux quelle est la route et « quel sera le terme de notre courte carrière?... Nous en accor- « dons-nous mieux sur nos premiers devoirs et les vrais biens de « la vie humaine?... Qu'avons-nous acquis à ce vain savoir, sinon « des querelles, des haines, de l'incertitude et des doutes? Chaque « secte est la seule qui ait trouvé la vérité; chaque livre contient « exclusivement les préceptes de la sagesse, chaque auteur est le « seul qui nous enseigne ce qui est bien... L'un nous prouve qu'il « n'y a point de corps, un autre qu'il n'y a point d'âme, un autre « que l'âme n'a nul rapport au corps, un autre que l'homme est « une bête, un autre que Dieu est un miroir. Il n'y a point de « maxime absurde que quelque auteur en réputation n'ait avancée, « ni d'axiome si évident qui n'ait été combattu par quelqu'un d'eux, « et l'on trouve toujours des raisons pour soutenir que ce qui est « nouveau est préférable à ce qui est vrai. »

Le témoignage unanime des auteurs contemporains nous apprend, comme nous l'avons vu, que le succès de l'*Emile* fut complet et la révolution qu'il opéra s'étendit sur toute la société française. L'engouement et le fanatisme se développèrent largement autour de ce livre. On ne voulut pas comprendre que Rousseau n'avait point l'intention de faire une œuvre pratique, applicable, et que son but était uniquement d'extirper les abus et les misères dont la première enfance était accablée.....

Aussi plusieurs admirateurs insensés de Rousseau élevèrent leurs enfants d'après les procédés de l'*Emile;* les résultats furent déplorables,.. et l'un de ces absurdes chefs de famille, M. Angard, reçut la leçon suivante de la bouche même de Jean-Jacques, lorsqu'il vint lui faire visite.

« Monsieur, vous voyez un homme qui a élevé son fils suivant les principes qu'il a eu le bonheur de puiser dans votre *Emile.* »

Rousseau le regarde fixement..... « Tant pis, Monsieur, tant pis pour vous et pour votre fils... Je n'ai point voulu donner de méthode, j'ai voulu empêcher le mal qui se commettait dans l'éducation. »

---

# CHAPITRE VI

## Genève et Rousseau après la mort du philosophe.

### I

Rousseau est mort en juillet 1778 à Ermenonville. Deux opinions se sont formées sur la cause de sa mort : les uns croient à un suicide, d'autres admettent que sa fin fut naturelle. Sans entrer dans une longue et pénible discussion sur ce point, nous publions une lettre adressée par M. de Girardin, d'Ermenonville, au libraire Michel Rey, à Amsterdam ; cette lettre nous paraît trancher la question :

« Les bruits ou plutôt les vaines rumeurs qu'on a affectés, je ne sais pourquoi, de répandre, vous font désirer quelques détails positifs sur les derniers moments de M. Rousseau. Eh bien ! Monsieur, soyez bien sûr d'abord que ce ne fut aucune inquiétude ni souci qui l'engagea à quitter Paris, mais uniquement sa passion pour la campagne et pour la botanique qui l'y avait ramené, et il avait donné la préférence à l'amitié. Tout paraissait ici contribuer à son contentement, et nous étions tous heureux de son repos. Après tant de persécutions, il eût été bien juste qu'il ait pu goûter plus longtemps le loisir et la tranquillité. Mais, hélas! Dieu ne l'a pas permis. En peu d'instants il a passé de la meilleure santé en apparence à une mort rapide. Il en a senti l'approche avec la tranquillité d'un homme juste toujours prêt à mourir. « Vous pleurez, disait-il à sa femme, « pleurez-vous donc mon bonheur? bonheur éternel que les hommes « ne troubleront plus. Je meurs tranquille, je n'ai jamais voulu de « mal à personne et je dois compter sur la miséricorde de Dieu. » Tels ont été ses derniers mots, et pendant deux jours qu'il est resté mort sur son lit, on eût toujours dit qu'il dormait paisiblement du sommeil de l'homme vertueux, tant son visage conservait l'image de la sénérité de son âme... Il a été ouvert, les médecins ont trouvé toutes les parties parfaitement saines, et n'ont reconnu d'autre cause de sa mort qu'un épanchement de cérosité sanguinolante sur la cervelle, ce qu'ils nomment apoplexie céreuse.

« Dans le plus bel endroit du pays est un petit lac environné de coteaux couverts de bois. Au milieu de ce lac est une île plantée de peupliers. C'est là qu'avec les formalités requises lui a été érigé un monument simple et convenable.

« O mon cher et bon Monsieur Rey! vous avez fait aussi de votre côté des pertes cruelles; vous êtes dans l'affliction ainsi que nous. Pleurons donc ensemble nos pertes irréparables. — Celle de M. Rousseau l'est pour ma famille et pour moi. Et puissions-nous du moins pleurer en paix, car les méchants et les affaires sont deux grands tourments en ce monde.

« J'ai l'honneur d'être, Monsieur, votre très-humble et très-obéissant serviteur.

GIRARDIN. »

Trois ans après la mort de Rousseau, en 1781, Genève était de nouveau révolutionnée par des partis aussi exclusifs que possible dans leurs prétentions ; mais le souvenir et les principes de Rousseau n'eurent aucune influence sur ces mouvements populaires : son nom ne fut pas prononcé, et ses écrits ne sont cités nulle part. Cela n'est pas étonnant : Rousseau était dépassé à Genève, et les travaux de l'homme qui regardait l'aristocratie comme une chose excellente et qui détestait les émeutes et les condamnations judiciaires, se trouvaient naturellement relégués dans le fond des bibliothèques. En France, les choses se passèrent différemment, et les hommes de 89 étaient tellement imbus des idées de Rousseau, que leurs plus beaux discours sont extraits des ouvrages du philosophe genevois. Cela est si vrai que, si vous lisez parallèlement les meilleures harangues de l'Assemblée nationale et le *Contrat social*, vous voyez que le mérite le plus réel de ces orateurs est d'avoir appris mot pour mot des tirades de Rousseau. On peut nier ce fait, mais quelques heures d'étude en établiront la réalité, même chez les plus ardents admirateurs des premiers discours républicains de 1789.

Ceci nous amène à l'examen de l'imputation la plus pénible qui pèse sur la mémoire de Rousseau : son esprit, dit-on, plane sur les paroles des premiers révolutionnaires français. — Son corps fut porté au Panthéon le 2 décadi vendémiaire 1794 ; par conséquent Rousseau, ses principes, son souvenir sont solidaires de toutes les horreurs de la révolution, de tout le sang répandu durant la Terreur, soit à Paris, soit à Genève.

L'une des grandes misères de l'histoire des idées, mais une misère inévitable, c'est que, toutes les fois qu'un grand principe est proclamé et que les esprits sages reconnaissent que d'heureux résultats jailliront de ces lumières nouvelles, les mauvaises passions s'emparent de ces vérités, les font servir à leur détestable but, et changent des doctrines saintes et bonnes en instruments de ruine et de mort. — Rendrons-nous la vérité responsable du mal fait, en son nom, par le mensonge, la cruauté, la passion du pouvoir, l'amour des richesses et des joies matérielles?

Au seizième siècle, les réformateurs ont déclaré que l'autorité de la Bible seule doit régler la foi et la conduite morale. Les paysans d'Allemagne, les anabaptistes trouvent le moyen de faire sortir de la sainte liberté des enfants de Christ, le droit pour chacun de se conduire à sa guise; ils commettent des crimes et des débauches qui font pâlir les jours les plus honteux du paganisme... Qui voudrait rendre les réformateurs responsables, moralement, des horreurs de Jean de Leyde et de ses adhérents?

Au dix-huitième siècle que fait Rousseau? il proclame l'égalité des hommes devant la loi, l'égalité pour les impôts et les charges publiques, la responsabilité de tous les fonctionnaires depuis le souverain jusqu'au dernier commis.

Ces principes déterminèrent la révolution française.

Mais Rousseau peut-il être responsable des violences, des haines, des meurtres occasionnés par la férocité de quelques hommes?

Rousseau est si peu responsable du sang répandu durant la révolution, que des conventionnels de l'école de Dussaulx manifestent les opinions suivantes: « Bien qu'on ait placé son corps au Panthéon, si Rousseau vivait encore, si ce philosophe, âgé aujourd'hui de 81 ans, était venu se placer au-devant de la charrette fatale et, joignant ses mains tremblantes, avait redit à la foule ses immortelles paroles: « La meilleure révolution est achetée trop cher au prix du « sang d'un seul homme..... du sang, bon Dieu, que voulez-vous « faire de ce sang, bêtes féroces, voulez-vous le boire!... » Nous ne savons pas si la tête de Rousseau ne fût point tombée à côté de celle de Louis XVI..... Rappelez-vous la mort de Condorcet, de Linguet, des hommes amis d'une sage liberté. »

Mais d'autres considérations, d'autres faits établissent encore mieux que les principes de Rousseau ne furent pour rien dans les horreurs de la révolution. Il est vrai que durant les années de 93 et 94 on lui élève des monuments à Paris et à Genève, on célèbre son jour de naissance par des fêtes publiques.

Si Rousseau est complice des violences de la Convention... les discours prononcés sur sa tombe, autour de son buste, associeront sa mémoire aux sanglantes exécutions du moment : on le fera grand prêtre des autels de la Terreur, on marquera son anniversaire d'une trace lugubre. — C'est tout simple, car, *dans une fête, l'esprit de l'homme qu'on honore domine les sentiments et dirige les actes.*

Eh bien oui. — Les fêtes révolutionnaires en l'honneur de Rousseau furent empreintes de l'esprit de ce grand philosophe. Et pour un jour, en fêtant le citoyen de Genève, les hommes de 93 se firent disciples de Jean-Jacques, mais du Jean-Jacques de la meilleure époque, et, pour preuve, voici les motifs allégués pour décider le transport du cercueil de Rousseau au Panthéon :

« Considérant que Jean-Jacques Rousseau s'éleva dans ses écrits aux plus sublimes idées sur l'Etre suprême et sur la vertu; corrigea les erreurs de l'éducation physique et morale de l'enfance et de la jeunesse ; montra la dignité de l'homme dans son plus beau jour, et fit connaître aux peuples leurs véritables droits; — Décrète, etc. »

Et les Genevois qui sont à Paris, et qui forment le club fraternel de la Montagne.... comment célèbrent-ils cette entrée au Panthéon? « Ils consacrent, disent-ils, ce jour dédié à Rousseau par un acte qui puisse honorer sa mémoire ; ils fondent quoi : un club patriotique? Non ; une société de bienfaisance en faveur des Genevois malades, » et la souscription produit, séance tenante, 1512 francs 50 centimes ; pas un mot de politique, ni de récrimination ne sont prononcés.

A Genève même, esprit plus saillant encore : en 1793 on vote un monument : c'est un buste placé sur une colonne de 40 pieds de hauteur, qui sera élevée au milieu du Bastion Bourgeois.

Mille citoyens ont décidé cet hommage et, dans le discours prononcé à cette occasion, on ne parle que d'union, de paix, de prospérité, d'égalité. Une seule phrase présente un sens pénible : « Les « Genevois ont terrassé le dernier ennemi qui fomentait leurs éternelles discussions. »

Et la fête de l'année suivante, 1794, est encore un jour de calme et de paix au milieu de la tourmente révolutionnaire. On orne de fleurs le monument, on y place ces inscriptions :

« Rousseau nous rappela aux devoirs sacrés de la nature.

« Le travail est un trésor.

« Rousseau fut pauvre et son éloquence prit la défense des malheureux.

« Rousseau nous enseigne à chercher dans la vertu le plus touchant de nos plaisirs. »

Puis viennent des chansons, des pièces de vers célébrant les bienfaits répandus sur la famille, le bonheur des enfants, l'union, la tolérance entre les citoyens.

La valeur poétique de ces hymnes est nulle, c'est la plus fade pastorale qu'on puisse imaginer. Voici la meilleure strophe :

Rousseau que ta fête civique
Soit pour nous un lien constant,
Unis-nous dans ta république
Comme autour de ton monument.
Car nous aimons, nous célébrons
Et ta mémoire et tes leçons.

Peu importe la valeur poétique, ce que nous voulons faire ressortir, c'est que les chansons, les proclamations, les discours, composés pour les fêtes de Rousseau, en pleine révolution, sont empreints de calme, de tranquillité, d'un désir d'union et de paix qui met l'auteur du *Contrat social* totalement en dehors des violences politiques de ces fatales années.

## II

La fête de Rousseau eut lieu durant cinq années. En 1798, le corps administratif consulté sur son opportunité, répondit : « La patrie genevoise ayant cessé d'exister, il est hors de propos de célébrer la fête de notre grand citoyen. »

En effet, la république française, violant tous les droits, tous les serments, les notions les plus élémentaires de la probité politique, s'était emparée de Genève ; et, chose étrange, le souvenir de Rousseau qui protégea Ermenonville fut impuissant pour garantir son pays.

En 1814, l'armée des alliés pouvait certes exercer de tristes représailles sur le pays dont elle faisait la conquête. Un corps prussien arrive à Ermenonville : le maire de cette commune se présente au commandant, lui fait connaître qu'il est sur la terre où Rousseau a terminé sa vie, lui montre le tombeau du philosophe, et l'officier prussien respecte Ermenonville, on ne touche point au château, la discipline la plus sévère est observée, on paie tout chez les paysans. Le lendemain la même scène se passe à Montmorency. Seules, ces deux localités sont préservées des maux de la guerre ; mais quinze ans auparavant les membres du Directoire pensaient autrement que les généraux prussiens.

Dès 1794 l'envoyé de Genève, M. Reybaz, avait de sérieuses

craintes touchant l'indépendance de son pays; il voulut exciter la sympathie du Directoire, et lorsqu'il fut présenté à la Convention il dit (29 août 1794) :

« Vous avez fondé la liberté en France; Genève dès longtemps a « établi la liberté de tout penser et de tout écrire sur les ruines de « la superstition et de l'esclavage, vous avez jeté un œil complai- « sant sur le berceau de Jean-Jacques; vous avez réuni les deux « extrémités de la Suisse, la plume de Rousseau et la flèche de « Guillaume Tell. »

Barrère répondit : « L'alliance qui existe entre la république « française et celle de Genève, est établie sur la liberté et l'indé- « pendance, elle sera immortelle! »

Voici comment se termina cette immortalité.

Le 15 avril 1798, sans avis préparatoire, sans déclaration de guerre, des troupes françaises entrent par les trois portes de Genève. Le commandant occupe l'hôtel de ville avec des pièces d'artillerie *mèche allumée.* Des hussards parcourent la ville au galop... On leur avait dit que les bourgeois viendraient au-devant d'eux, avec des guirlandes de fleurs et des cris de réjouissance; ils parcourent les rues mornes et désertes, et entendent des citoyens qui, des fenêtres, les chargent d'imprécations.— L'infâme résident Desportes ose écrire au gouvernement français : « Citoyens directeurs, Genève est dans l'allégresse! A l'entrée des troupes une foule de personnes ont fait retentir les airs des cris de vive la grande nation.. .. J'ai accepté en votre nom le vœu du peuple genevois. » Et voici le caractère de cette allégresse. — Desportes ordonne qu'on illumine la ville et que les magistrats annoncent par une chaleureuse proclamation l'annexion à la France. — Pas un lampion ne paraît aux fenêtres, et la proclamation renferme ces deux lignes : « *Nous apprenons à nos concitoyens que Genève a passé sous l'autorité française.* »

Une fête militaire est ordonnée, les bataillons doivent s'y rendre.

Celui du Molard, fort de 1200 hommes, fournit 30 soldats et 2 officiers, Saint-Gervais envoie 5 soldats et 1 officier.

Un tir a eu lieu, le résident veut distribuer les prix. Ceux qui les obtiennent lui tournent le dos, sans les vouloir accepter. Le lendemain, dans une cérémonie à la cathédrale, Desportes veut exiger qu'on prête serment de fidélité aux nouveaux maîtres du pays; — il insiste pour qu'on lève la main, quelques Carougeois seuls lui répondent. — Il crie vive la république française! et les voûtes de St-Pierre redisent : *vive la république genevoise, car elle ressuscitera!*

Elle ressuscita 16 ans plus tard, après avoir largement payé aux batailles de l'empire la dîme de ses enfants.

## III

Les Genevois, rendus à leur nationalité, s'occupèrent bientôt de Jean-Jacques. Son monument était placé dans le Bastion Bourgeois, de grands marronniers entouraient la colonne et laissaient apercevoir le buste par-dessus leurs cimes. L'effet de cette tête de bronze s'élevant isolée au milieu des touffes vertes, n'était que ridicule, il devint intolérable lorsqu'on abattit les arbres pour faire le Jardin botanique. On vit alors une mince colonne portant un énorme buste, et cette stupide conception des artistes de 93 rappelait, à s'y méprendre, « une tête au bout d'une pique.... » Aussi personne ne réclama contre la destruction de ce chef-d'œuvre, et les citoyens momentanément froissés dans leurs sympathies, reçurent l'assurance que plus tard un monument, digne du grand philosophe, ornerait une des places de Genève.

On s'occupa pendant plusieurs jours de cet incident et une scène grotesque provoqua l'hilarité générale.

Le lendemain de la démolition de la colonne monumentale de Jean-Jacques, la sentinelle qui était de garde à la porte Neuve, vit au milieu de la nuit une lueur lointaine dans les allées du bastion, elle veut crier qui vive, mais immédiatement la frayeur lui ôte la voix, elle se traîne dans le corps de garde. — Au secours ! regardez ce qui se passe dans le bastion ! Le poste sort, et l'on voit une boule de feu semblable à une tête humaine, qui se meut lentement sous les arbres, l'idée d'un feu follet ne vient pas à l'esprit du commandant ; le poste se renferme, et les militaires tremblants se disent : « C'est l'âme, c'est le fantôme de Rousseau qui proteste contre l'enlèvement de son buste !... » On peut juger de l'accueil que les chefs militaires firent à l'étrange procès-verbal qui décrivait les alarmes de cette mémorable nuit.

Les amis de Rousseau surent le meilleur gré à M. de Candolle d'avoir placé Jean-Jacques au nombre des botanistes genevois, dont les bustes ornaient les serres du nouveau jardin, mais cette distinction spéciale ne parut pas suffisante aux honorables citoyens qui formaient alors l'opposition libérale de la république genevoise. Ils voulurent construire un véritable monument. M. Moultou fit cette proposition en 1828 au Conseil représentatif, et indiqua comme lieu propice l'île des Barques, localité pour lors fort ignorée des Genevois. Il en fit exécuter un dessin, dont la réalisation forme aujourd'hui notre plus charmante promenade. Le Conseil n'adopta pas la proposition de M. Moultou. Les magistrats répondirent : « Que jamais Genève n'avait pensé rendre des honneurs publics aux citoyens qui l'avaient illustrée. »

Ce projet que les Conseils ne jugèrent pas à propos d'exécuter par voie législative fut repris par un comité composé de citoyens appartenant à des opinions fort divergentes [1]. Nous ne rappellerons pas la pénible polémique suscitée à cette occasion par quelques personnes. Les listes de souscription furent graduellement couvertes de signatures, et au mois de février 1832 la statue de Jean-Jacques était placée sur l'île des Barques.

Notre tâche est achevée, mais nous avons mis au jour des faits ignorés qui présentent souvent le caractère de Rousseau sous un point de vue favorable et atténuent les torts qu'on lui reproche. Ces faits démontrent que les idées républicaines et les institutions civiles et religieuses de Genève exercèrent la plus heureuse influence sur notre grand philosophe, et puisque l'autorité de Rousseau établit et prouve l'excellence de ces principes : leur conservation et leur développement seront le plus digne hommage que ses concitoyens pourront rendre à sa mémoire.

[1] C'étaient MM. Bellot, Chenevière, Dumont, général Dufour, François Duval, Favre-Bertrand, Fazy-Pasteur, Moultou, Charles Pictet, Prevost-Martin, Saladin de Crans.

www.ingramcontent.com/pod-product-compliance
Ingram Content Group UK Ltd.
Pitfield, Milton Keynes, MK11 3LW, UK
UKHW020252250726
13967UKWH00004B/1644